위그든 씨의 **사탕가게**

Growing Pains
The Autobiography of a Young Boy

위그든 씨의
사탕가게

폴 빌리어드 지음 | 류해욱 옮김

문예출판사

차 례

책 머리에 ____ 7

이해의 선물 ____ 11

기차 여행 ____ 20

폰드레이에서의 기도 ____ 35

첫 자전거 ____ 43

사랑에는 끝이 없다 ____ 59

안내를 부탁합니다 ____ 68

크리스마스 선물 ____ 82

친구 ____ 86

방화범 ____ 97

감기약 도둑 ____ 103

이웃집 할아버지 ____ 110

사료 부대____123

달려라!____133

롤러코스터____139

양배추 머리____145

위험한 불장난____157

봉봉 초콜릿 과자____163

사격 연습____168

흐르는 전류____172

어머니의 운전____186

가출____193

이해의 시작____198

옮기고 나서____203

책 머리에

이 책은 한 개구쟁이 소년이 어른이 되면서 체험했던 삶의 기쁨과 슬픔에 관한 이야기이자 살아가는 방식에 관한 이야기다. 안타깝게도 지금은 사라진 고유한 삶에 대한 내 어린 시절의 추억이고 우리 가족의 이야기이기도 하다.

엄격한 유럽의 사고방식을 지닌 아버지, 부드러운 어머니, 내 철없던 장난을 부추기지는 않았지만 기꺼이 공범자가 되어준 형, 어느 날 더는 장난의 상대가 아닌 숙녀로 변한 우리 누나의 이야기다.

재미있는 이야기도 있고, 재미없는 이야기도 있고, 때론 아픈 이야기도 있지만, 내게는 모두 소중한 추억이다. 이 책은 평범한 아이가 성장하면서 경험하게 되는 여러 가지 상황에 적응하고 대응해가면서 어떻게 삶을 배우고 사랑하게 되는가에 관한 이야기다.

모든 이야기는 실제로 있었던 일이다. 나는 어린 시절 누구에게나 있을 수 있는 일들을 겪으며 자랐다. 호기심이 많고 장난이 심했지만 굉장히 즐겁고 재미있는 어린 시절을 보냈다. 모범생의 기준에서 보면 조금 특이한 일에서 즐거움을 찾았다.

아버지는 알자스 출신으로 매우 엄격했다. 비록 미국에서 살고, 미국 시민권을 얻고, 미국에서 가족을 부양했지만 완고한 유럽의 사고방식을 버리지 못했다. 우리는 의문을 갖고 질문하는 대신 무조건 부모에게 순종해야 했다. 아버지에게 '아니오'라고 대답하는 것은 성난 곰을 긁히는 것처럼 톡톡히 대가를 치러야 했다.

아버지는 정의감을 지닌 대신 유머 감각은 거의 없었다. 자식들의 타고난 기지를 받아주고 감싸주기에 그의 삶은 너무 무겁고 엄격했다. 내 장난과 호기심과 도전과 실험 정신을 인정하기보다는 무시하는 쪽이 그의 삶의 방식이어서 우리 사이에는 늘 긴장과 갈등이 있었다.

아버지는 주로 유럽에서 지냈다. 내가 태어날 무렵, 아버지는 미국과 유럽의 물품을 사고 파는 무역업을 하셨다. 처음에는 돈을 많이 벌었지만 사기꾼이 발행한 가짜 어음으로 부도를 맞으면서 심한 경제적 어려움을 겪었다.

어머니는 부드러운 분이지만 다소 몽상적이어서 주변의 일에 별로 개의치 않고 가사와 교회 일에 빠져 지냈다. 아버지가 집안 일에 무심한 데다 나중에는 경제적으로도 도움을 주지 않자 혼자 힘으로 세 아이를 키우느라 고생을 많이 했다. 아주 어렸을 때, 아버지는 혼자 유럽에서 지냈고 가끔 집에 들렀기 때문에 나는 아버지를 잘 알아보지도 못했다. 처음에는 잘 모르는 사람이 왜 우리 집에서 며칠씩 지내는지 의아했는데 나중에야 아버지라는 것을 알았다.

아버지는 경제 사정이 좋을 때는 가족들에게 관대했지만, 어려울 때는 살림이 어떻게 돌아가는지 상관하지 않았다. 아버지는 낭비가 심했다. 유럽에 가는 것도 사업보다는 여행을 즐기기 위해서였고, 친구들과 함께 호화 여객선의 특등석을 이용했다. 아버지는 친구들에게 종종 이렇게 말했다.

"경비는 내가 낼 테니 함께 프랑스로 떠나자! 유럽에서 한번 신나게 지내보자고."

한번은 아홉 명의 친구들과 함께 뉴욕 항을 출발해서 석 달 동안이나 유럽의 여러 도시를 여행하다가 다시 뉴욕 항으로 돌아온 적도 있었다. 그들의 여행 가방은 유럽의 명품들로 가득했다.

아버지는 어머니가 돌아가시고 몇 년 뒤 일흔 중반의 나이에 필라델피아에서 돌아가셨다. 누나와 함께 아버지의 장례를 치른 뒤, 유품을 정리하다 보니 아버지가 우리에게 남긴 유산은 몇백만 달러나 되는 가짜 어음뿐이었다.

그래도 나는 아버지에게 감사한 마음이 들었다. 열네 살 때

집에서 쫓겨난 그때부터 혼자서 세상 살아가는 법을 배웠다. 홀로서기를 했고, 스스로 생계를 책임졌다. 하지만 자연과 사물에 대한 호기심은 전혀 줄어들지 않았고 오히려 더 커졌다. 어린 나이에 많은 것을 알면 더 쉽게 일자리를 구해서 돈을 벌 수 있다는 것도 알았다.

나는 워싱턴 주 스포케인에서 태어났지만 태어난 지 몇 달 되지 않아서 시애틀로 이사를 갔다. 미주리 주 캔자스시티의 작은 아버지 댁과 펜실베이니아 주 필라델피아의 이모님 댁을 몇 번 방문한 것을 제외하면 어린 시절의 대부분을 시애틀에서 보냈다. 그러다가 캔자스시티를 거쳐 필라델피아로 이사를 갔다.

이 책에 있는 이야기들은 주로 내가 어렸을 때, 호기심으로 세상을 배워나간 내 삶의 방식이다. 어른이 된 후에야 고백할 수 있는 부끄러운 이야기도 있다. 철없을 때의 일이지만 그래도 어릴 때의 그 순수함을 떠올리면 향수에 젖게 된다. 아마도 여러분들도 비슷한 일들을 겪으며 성장했을 것이다. 나는 이 이야기를 어른이 되기 위해 겪어야 했던 '성장통'이라고 부르고 싶다.

이해의 선물

내 어린 시절의 추억 중 가장 행복했던 기억은 위그든 씨의 사탕가게에 관한 추억이다. 내가 처음 그 가게에 들렀을 때가 네 살 무렵이었으니 벌써 반세기가 지났건만 나는 아직도 그 가게의 사탕 향기를 기억한다. 그 당시 우리 집은 시애틀 레버나 공원의 전차 역에서 2백 미터 정도 떨어진 대학로에 있었는데, 전차 정류장을 오가는 길가에 그 사탕가게가 있었다.

어느 날 어머니는 볼 일을 보러 시내에 나를 데리고 나갔다가 집으로 돌아오는 길에 위그든 할아버지의 사탕가게에 들렀다.

"오늘 착하게 잘 따라다녔으니 맛있는 거 사줄게."

어머니는 긴 유리 진열장 앞으로 나를 데리고 갔다.

현관 출입문에 달린 작은 종이 땡그랑 울릴 때마다 위그든 할아버지는 조용히 나타나 사탕 진열대 뒤에 서 계셨다. 커튼 뒤에서 나오는 할아버지는 연세가 아주 많은 백발의 노인이었다. 어머니와 할아버지가 잠시 이야기를 나누는 동안 나는 눈앞에 펼

쳐진 진열대를 바라보았다.

　그처럼 달콤한 유혹은 없었다. 어떤 것을 골라야 할지도 모르겠고, 이 사탕을 고르고 저 사탕을 포기해야 하는 사실이 여간 고통스러운 것이 아니었다. 머릿속으로 사탕의 맛을 가늠해보면서 하나씩 훑어보았다. 한 종류를 골라 종이 봉지에 담을 때마다 다른 사탕이 더 맛있지는 않을까, 다른 사탕이 더 오래 먹을 수 있는 것이 아닐까 하며 갈등했다. 위그든 씨는 내가 고른 사탕을 다른 사탕으로 바꿀지 몰라서 눈을 껌뻑이며 잠시 기다렸다가 내가 손으로 가리키는 사탕을 한 숟가락씩 떠서 봉지에 담았다. 어머니는 당신이 직접 몇 개를 더 고르셨다. 계산대에서 돈을 지불하자 봉지는 노끈으로 묶였다. 이제 다른 사탕으로 바꿀 수 있는 기회는 사라져버렸다.

　어머니는 일주일에 한두 번은 시내에 나가셨다. 그 당시에는 우리 집뿐만이 아니라 다른 집에서도 아이를 돌보는 보모를 따로 두지 않았기 때문에 나는 늘 어머니를 따라다녔다. 시내에 나가는 동안 내가 말썽을 피우지 않고 얌전하게 있으면 어머니는 상으로 나를 사탕가게에 데려갔다. 나는 그 상을 받으려고 될 수 있는 대로 얌전하게 어머니를 따라다녔고, 시내에 나갈 때마다 참새가 방앗간을 그냥 못 지나듯이 사탕가게를 들락거렸다. 처음 사탕가게에 갔을 때부터 어머니는 언제나 사탕은 내가 직접 고르게 하셨다.

당시 너무 어렸던 나는 돈에 대한 개념이 없었다. 돈이라고는 부모님이나 부모님의 친구 분들이 저금통에 넣으라고 주신 동전이 전부였다. 나는 어머니가 가게의 계산대에서 반짝이는 동전을 주고 물건 담은 봉지를 건네받는 것을 보면서 사람들이 서로 어떤 것을 교환한다는 사실을 조금씩 알게 되었다.

그러던 어느 날 나는 모험을 하기로 결심했다. 집에서 전차 정류장 쪽으로 1백50미터 정도 떨어진 위그든 씨의 사탕가게를 혼자서 다녀오기로 한 것이다. 혼자 다닐 만큼 컸다고 생각했지만 문제는 주머니 사정이었다. 하지만 그때는 주머니 사정이 겁나지 않는 나이였다. 사탕 살 돈을 모으기 시작했다.

화창한 어느 날 오후, 드디어 나는 혼자서 거리를 따라 사탕가게를 찾아 나섰다. 온 힘을 다해 커다란 가게 문을 열고 들어설 때 땡그랑 울리던 작은 종소리를 기억한다. 위그든 씨가 커튼 뒤에서 나오면서 웃음지으며 나를 내려다보았다. 나는 사탕 먹을 생각에 마음이 들떴지만 태연한 척 사탕이 있는 진열대를 따라 천천히 걸음을 옮겼다.

앞줄에는 갖가지 향의 박하사탕이 있었고, 뒤쪽에는 깨물면 부서지면서 입 안이 상큼해지는 드롭스가 있었다. 다음 칸에는 작은 초콜릿 캔디 바가 있었고, 그 상자 뒤에는 입에 넣으면 볼이 툭 불거져 나올 만큼 큰 눈깔사탕이 있었다. 나는 이 눈깔사탕이 제일 좋았다. 녹이지 않고 그냥 입에 넣고 있으면 오후가 즐거웠다. 뿐만 아니라 알록달록한 눈깔사탕은 마치 벗겨내도 다시 다른 껍질이 이어서 나오는 양파처럼 녹여 먹을수록 연이어 다른 색깔이 층층이 나타나 신기했다. 한참 입 안에서 녹이다 어떤 색깔인지 확인해보는 것이 재밌었다. 사탕을 입에 넣고 녹여 먹다보면 마지막 사탕의 한가운데에 호두나 땅콩, 코코넛 같은 나무 열매가 들어 있기도 했다. 흑설탕과 땅콩가루를 섞어서 만든 땅콩과자도 있었는데 작은 나무 숟가락으로 두 숟가락에 15센트였다. 목에 걸어도 될 만큼 긴 줄 사탕은 하나씩 떼어 먹게끔 되어 있었다.

진열대를 반쯤 지나자 이미 종이 봉지는 골라 담은 사탕으로 그득했다. 위그든 씨는 허리를 굽혀 진열대 너머로 나를 내려다보면서 물었다.

"이것을 다 살 돈은 있니?"

나는 대답했다.

"그럼요, 돈 많아요."

나는 주먹을 펴서 위그든 씨의 손에 은박지로 잘 싼 체리 씨 여섯 개를 올려놓았다.

위그든 씨는 자기의 손바닥을 바라보더니 한참 동안 조심스럽게 나를 쳐다보았다.

나는 불안해서 여쭈었다.

"모자라나요?"

할아버지는 부드러운 한숨을 쉬고는 대답하셨다.
"아니다. 돈이 조금 남는구나. 거스름돈을 내주마."
할아버지는 계산대 뒤쪽에 있는 서랍을 열고 1센트짜리 동전 두 개를 꺼내 벌린 내 손에 올려놓은 후 사탕 봉지를 건네주면서 말씀하셨다.
"한꺼번에 다 먹으면 안 된다. 배탈이 나고 이가 썩을 수 있으니 주의해야 한다."
어머니는 내가 혼자 밖에 다녀온 것을 알고는 다시는 허락 없이 혼자 다니지 말라고 꾸중하셨지만 사탕에 대해서는 별 다른 말씀이 없었다. 돈이 어디서 나서 사탕을 샀는지 묻지 않았다. 그 이유는 나도 잘 모른다. 그 이후 체리 씨로 사탕을 산 기억이 없는 것으로 봐서 다음에는 허락을 받고 동전을 얻어서 사탕가게에 갔던 것 같다. 그 일이 그다지 중요한 일은 아니었고 곧 잊었다.
그런데 아주 오랜 시간이 지나 어떤 계기로 그 기억이 생생히 떠올랐고 그 일의 여파가 내 삶 속으로 밀려왔다.

나는 결혼하여 사내아이 둘을 키우며 아내 거투르드와 함께 열대어 가게를 운영했다. 가게에는 열대어를 부화시키고 기르는 부화장도 같이 있었다. 그 당시 관상용 열대어 판매업은 시작 단계여서 대부분의 열대어는 아시아, 아프리카, 남미 등에서 직수

입했다. 한 쌍에 5달러 이하는 거의 없었고, 비싼 것은 한 마리에 2백50달러가 넘는 것도 있었다. 가게가 따로 있는 것이 아니라 집이 곧 가게여서 거실에 어항을 두 줄로 진열해놓았다.

어느 화창한 오후, 나는 거투르드와 바쁘게 부화장의 어항을 청소하고 있었다. 현관문이 열리면서 땡그랑 하는 작은 종소리가 울렸다. 꼬마 아이 둘이 들어왔다. 여섯 살 정도 된 여자아이와 다섯 살 정도 된 남자아이였다. 여자아이가 물었다.

"예쁜 물고기 파는 곳이죠?"

내가 그렇다고 대답하자, 꼬마는 나를 쳐다보며 말했다.

"좀 보여주세요."

나는 두 아이들을 바라보며 말했다.

"지금은 어항 청소를 하느라 무척 바쁘단다. 나중에 오지 않겠니?"

여자아이의 얼굴에 실망의 빛이 스쳤다. 여자아이가 말했다.

"우린 멀리서 왔어요."

내가 물었다.

"어디서 왔는데?"

"넬슨 가에서요."

넬슨 가는 우리 집에서 대략 3백 미터 정도 떨어진 곳이었다. 3백 미터 정도면 이 꼬마들에게는 꽤 먼 거리일 수도 있었다.

"그래. 그러면 이리 와서 보렴."

두 아이는 눈을 동그랗게 뜨고 수정 같은 맑은 물에서 헤엄치는 보석 같은 열대어를 바라보았다. 사내아이가 소리쳤다.
"와아! 예쁘다. 몇 마리 살 수 있지요?"
"물론 살 수 있지. 그런데 아주 비싸단다."
여자아이가 말했다.
"돈 많아요. 아빠가 생일 선물로 줬어요."
아직 어려서 잘 모르면서 갖는 확신에 찬 아이의 목소리에 어떤 특별한 느낌이 들었다. 다른 때 다른 곳에서 이와 똑같은 장면을 본 것 같은 약간 섬뜩한 기분이었다. 아이들이 갖고 싶은 물고기를 손가락으로 가리키는 순간 다시 아주 강하면서도 친근한 느낌이 들었다.

아이들은 어항이 놓인 거실을 따라 얼굴을 어항에 가까이 대고 발걸음을 옮기면서 몇 가지 다른 물고기들을 골랐다. 나는 아이들이 고른 물고기를 작은 뜰채로 건져서 휴대용 비닐 봉지에 담아주며 말했다.
"애들아, 물고기 아주 조심해서 가져가야 한다."
사내아이가 봉지를 받아들며 고개를 끄떡이고는 여자아이에게 말했다.
"누나, 돈 드려."
내가 여자아이에게 손을 내밀자 아이는 움켜쥔 주먹을 폈다. 그 순간 분명하게 친근한 느낌의 정체를 알았다. 위그든 씨의 사탕가게에서 맡았던 사탕 향기―그 향기가 향수(鄕愁)가 되어 내 콧잔등을 스치는 것이었다. 나는 이제 여자아이가 어떻게 할지, 무슨 말을 할지 정확히 알았다. 아이는 내 손바닥에 5센트짜리 동전 두 개와 10센트짜리 동전 하나를 올려놓았다.

그 순간 아주 오래전 위그든 씨가 내게 해주었던 일이 어떤 것이었는지 충격으로 다가왔다. 이제야 내가 위그든 씨에게 던졌던 도전이 무엇이었고, 그것을 그분이 얼마나 지혜롭게 받아들였는지를 깨달았다. 나는 다시 한번 위그든 씨가 바라보던 눈빛을 의식하며 작은 사탕가게에 서 있는 것 같았다.

손에 놓인 동전을 바라보았다. 그것은 동전이 아니라 옛날 내가 은박지로 잘 쌌던 체리 씨였다. 나는 두 아이의 순진무구함과 그것을 지켜줄 수도 있고 무너뜨릴 수도 있는 어떤 힘을 이해하게 되었다. 나는 위그든 씨에 대한 추억으로 목이 메었다. 내가 잠시 상념에 빠져 있자 여자아이는 근심스러운 얼굴로 조그맣게 물었다.

"돈이 모자라나요?"

나는 침을 삼키고 목소리를 가다듬으며 말했다.

"아니, 조금 남는걸. 거스름돈을 주마."

나는 아이의 손에 1센트짜리 동전 두 개를 쥐어주었다. 그리고 아이들이 보물을 다루듯 조심스럽게 물고기가 든 비닐 봉투를 가지고 가는 것을 바라보았다. 눈이 시려왔다.

방 안에 들어오자 아내 거투르드가 어항 안에 있는 식물을 정리하느라 팔꿈치까지 물속에 담근 채 물었다.

"도대체 어떻게 된 일이에요?"

그녀가 따지듯 물었다.

"당신 아이들에게 물고기를 몇 마리나 주었는지 알아요?"

나는 다시 목소리를 가다듬으며 대답했다.

"대략 30달러쯤 되지. 그러나 달리 어쩔 수가 없었어."

내가 위그든 씨에 대한 이야기를 들려주자, 아내도 눈시울을 붉히며 내 뺨에 부드럽게 입맞추었다.

"나는 아직도 위그든 씨 사탕가게의 박하사탕 향기를 맡을 수 있어."

남은 어항을 닦으려고 어깨를 돌리는 순간 위그든 씨의 너털웃음 소리가 들렸다.

기차 여행

여섯 살 무렵, 어머니가 몇 주 동안 병원에 입원해 계셔야 했기에 나는 동부 필라델피아에 있는 이모부님 댁에서 지내기로 했다. 이모부님의 성함은 해리 밀, 이모님은 메리언이었고 여섯 명의 개구쟁이 자녀를 두었다. 나는 기차 타는 것을 좋아했지만 당시 1920년대에 시애틀에서 필라델피아까지 기차로 대륙을 횡단한다는 것은 대단히 긴 여행이어서 부모님은 걱정을 많이 하셨다.

그러나 나는 두 가지 이유로 이 여행이 신났다. 첫째는 나 혼자 떠나는 여행이었고, 둘째는 다른 나라를 통과하는 여행이기 때문이었다. 대개는 세인트 폴, 밀워키, 시카고 등을 통과하는 경로를 택하지만 겨울에는 미국 중부 산악 지대를 통과하는 기차 시간이 들쑥날쑥해서 캐나다를 통과하기로 했다.

어머니와 아버지는 내가 밴쿠버로 출발하기 전에 철저하게 여행 준비를 하셨다. 우선 앞면에는 내 이름과 주소를, 뒷면에는 이모부님의 이름과 주소를 적은 두껍고 큰 이름표를 바이올린 줄로 묶어서 떨어지지 않게 단단히 내 목에 감았다. 수하물처럼 필라델피아의 주소가 쓰인 쪽은 "수신", 시애틀의 주소가 있는 쪽은 "발신"이라고 크게 적어놓았다.

  어머니와 아버지는 시애틀 역무원과 여행사 직원에게 자문을 구하여 여행 경로가 어떤지, 몇 번을 갈아타야 하는지, 갈아탈 때마다 나를 돌보아 줄 승무원과 짐을 운반해줄 사람은 몇 명인지, 어떤 승무원이 탑승하는지 등을 자세히 알아보고 안전에 대비하여 꼼꼼하게 준비했다. 사용되는 순서대로 읽기 쉽게 여러 장의 봉투를 만들어서 각 봉투를 승무원과 짐을 운반하는 사람들에게 전해주려고 준비했다. 그 봉투 안에는 부탁 사항과 팁으로 지불할 돈이 들었다. 부탁 사항에는 식당차의 메뉴 중에 내가 먹어도 되는 음식과 먹지 않아야 할 음식의 종류까지 적혀 있었다.

  여행의 첫 번째 모험은 밴쿠버까지 배로 가는 여행이었다. 밴쿠버까지는 어머니가 데려다주었다. 비록 내가 여행할 전체 거리에 비하면 아주 짧은 거리였지만 배를 타고 거친 파도를 헤치며 나가는 일은 충분한 모험이었다. 밴쿠버에 도착하니 눈이 많이 내렸다. 눈이 내리는 풍경은 낭만적이었다. 시애틀은 비는 많이 내리지만 눈이 쌓이는 일은 거의 없었다.

  밴쿠버에서 기차로 가는 첫 번째 코스는 대륙 서부 지역의 험

준한 산악 지대를 통과하는 구간이었다. 기관차 앞에는 거대한 제설차가 달려 있었다. 제설차의 겉모습은 상자처럼 편편했지만 안에는 선풍기처럼 생긴 커다란 팬(fan)이 있었다. 제설차는 눈 쌓인 터널을 뚫고 지나갈 수 있게 기관차의 객실보다 더 크고 넓었다. 나는 기관사에게 그 제설차에 올라타도 되는지 물어보고 싶었지만 어머니는 나를 객실로 데리고 가서 창문 옆에 자리를 잡아주셨다. 가방은 맞은편 자리에 놓고 기차를 타고 가는 동안 두 자리를 편안하게 차지할 수 있게 해주셨다. 아마 다음 기차를 환승할 때도 같은 방식으로 두 자리를 차지할 수 있게 미리 승무원에게 부탁을 해두었을 것이다.

어머니는 첫 승무원과 짐을 운반하는 사람에게 내가 혼자 하는 여행에 대해 설명을 한 뒤 첫 번째 봉투를 건네셨다. 첫 승무원은 아주 선량해 보였고 다음 환승역까지 잘 데려다주겠다고 약속했다. 나는 그 승무원이 마음에 들었다. 어머니는 내 옆자리에 앉더니 얌전하게 승무원의 말을 잘 들으라고 거듭 주의를 주었다. "추~울 바~아~알!"이라는 소리가 들리자 어머니는 내게 입을 맞추고 안아준 뒤 기차에서 내렸다. 기차가 서서히 움직이기 시작했고 어머니는 승강장에 서서 계속 손을 흔들고 계셨다. 기차가 점점 속도를 내자 어머니의 모습이 보이지 않게 되었다.

나는 창문에 코를 대고 밖을 내다보며 얌전히 앉아 있었다.

나는 이미 두 번이나 필라델피아에 다녀온 경험이 있었다. 첫 번째는 너무 어릴 때라 기억이 나지 않지만 두 번째는 가족과 함께 했던 여행이었다. 이번에는 혼자 떠나는 첫 여행이었고, 나는 마치 탐험가 리빙스턴이라도 된 것 같았다.

기차는 야간 열차였다. 대륙을 횡단하는 기차 여행은 4박 5일, 또는 5박 4일 일정 중에서 선택하게 된다. 어머니는 밤에 출발하는 5박 4일 일정으로 여행을 하면 잠을 더 잘 수 있고, 아침에 도착하니 마중 나오는 이모님도 편할 거라고 생각하셨다.

여행의 출발은 순탄했다. 밴쿠버의 교외를 통과하자 드넓은 들판이 펼쳐졌다. 그러나 얼마 가지 않아서 캐스케이드 산맥의 기슭을 올라가기 시작하자 엄청나게 많은 눈이 쌓여 있었다. 우리 기차보다 앞서 간 기차가 눈을 많이 치워놓긴 했지만 기관차 앞에 있는 제설차의 팬이 돌아가며 선로 밖으로 눈 치우는 소리가 계속 들렸다. 캐스케이드 산맥을 통과할 때는 기관차가 제 속도를 낼 수 있었지만 로키 산맥으로 들어서자 쌓인 눈은 기차의 키보다 더 높았다. 기차는 제설차가 감당하는 속도로 겨우 속도를 냈다. 기차 속도는 사람이 걸어가는 속도로 떨어졌다. 기차의 양쪽으로 제설차가 밀어내는 눈의 폭이 약 15미터 정도였다.

나는 객실 끝 연결 통로 옆에 있는 화장실까지 승무원을 찾아가 창문을 열고 바깥 풍경을 봐도 되냐고 물었다. 그가 말했다.

"안 된다. 나는 너를 안전하게 보호할 의무가 있단다. 절대 창문을 열어줄 수가 없구나."
 사정을 했지만 소용이 없었다. 대신 창문을 열어줄 수 없는 이유를 차근차근 설명했다.
 "창문을 열어주었다가는 네가 창문 밖으로 떨어질 수도 있고, 눈이 창문 안으로 들어와서 네가 눈 속에 파묻힐 수도 있단다. 알겠니?"
 그는 고개를 절레절레 흔들며 절대로 안 된다고 반복해서 말했다. 나는 자리로 돌아와 다시 창문에 코를 박고서 제설차의 팬이 돌아가면서 눈을 치우는 광경을 보려고 했지만 볼 수가 없었다. 잠시 뒤에 승무원이 내 자리로 와서 말했다.
 "네가 바깥 풍경을 얼마나 보고 싶어 하는지 안단다. 잠시 후에 내가 다시 와서 제설차가 눈 치우는 광경을 보여줄 테니 조금만 기다려라. 고갯마루를 돌아갈 때 진짜 멋진 풍경을 보여주마."
 그는 그렇게 약속을 한 후 객실 끝의 연결 복도에 있는 자기 자리로 돌아갔다. 한참을 기다리자 그가 다가와서 말했다.
 "얘야, 어서 와봐라. 기차가 이제 막 고갯마루를 통과한단다."
 그는 나를 객실 끝 연결 통로를 지나 자신의 작은 집무실로 데리고 갔다. 객실을 나와서 연결 통로에 서 있으니, 제설차의 팬 돌아가는 소리가 객실 안에서보다 훨씬 크게 들렸다. 그는 연결 통로에 있는 창문 덮개를 가져와 바닥에 깔고 그 위에 나를 올려놓았다. 나는 까치발을 하고 창문 밖의 풍경을 바라보았다. 그는 조심하라고 주의를 주며 말했다.

"자. 이제 5, 6킬로미터쯤 가다보면 큰 커브길이 나오고 멋진 경치가 나타날 거야. 그리고 제설차의 팬이 돌아가면서 눈 치우는 광경도 바로 코앞에서 잘 볼 수 있을 게다."

나는 그 광경을 보려고 목을 길게 뺐다. 승무원이 주의를 줬다.

"내가 내려줄 때까지 이 덮개 위에 얌전히 있어야 한다."

나는 고개를 끄떡이고 다시 고개를 창문으로 돌리며 말했다.

"약속할게요."

몇 분 후 기차가 옆으로 기우는 것 같았다. 기차는 아주 큰 커브 길을 돌았다. 나는 뿌연 창문 너머로 바깥 풍경을 보려고 눈을 크게 떴다. 처음 시야에 들어온 것은 엄청난 양의 눈이 제설차 팬에 의해 밖으로 쏟아져 내리는 광경이었다. 그리고 조금씩 기차 앞에 달린 제설차의 일부가 보이기 시작했다. 이어서 거대한 기계 덩어리인 제설차의 몸체가 나타났고, 그 앞에는 벽처럼 높이 쌓인 눈 더미가 보였다. 뒤에는 제설차에 연결된 기관차가 나타났다. 한 대가 아니라 두 대였다. 두 대의 기관차에 달린 거대한 바퀴가 천천히 돌아갔다.

기관차의 소리가 설원의 적막을 뚫고 규칙적이고 느린 박자로 메아리쳤다. 칙칙폭폭, 칙칙폭폭, 칙칙폭폭, 칙칙폭폭, 칙칙폭폭. 제설차가 깊숙이 뚫어놓은 눈 벽은 터널이 되어서 더는 제설차나 기관차를 볼 수 없었다. 승무원이 들어와 물었다.

"괜찮니?"

"예, 그런데 이제 아무것도 볼 수 없어요. 눈이 너무 많이 쌓였어요."

그가 나가려는 순간 내가 물었다.

"그런데 왜 기차에 기관차가 두 대나 달렸어요?"

그가 대답했다.

"우리는 높은 산을 통과하게 되는데, 한 대로는 힘이 부치기 때문이란다. 내일 아침에 캘거리에 도착하면 한 대는 떼어놓는단다. 거기서부터는 높은 산이 없거든."

다음날 아침 우리는 밴프라 역에 도착했다. 눈이 굉장히 많이 쌓인 산을 통과하느라 기차가 두 시간 이상 지연되었다는 안내방송이 나왔다. 기차역 주변에도 눈이 너무 많이 쌓여서 시내로 나가는 길은 마치 높은 흰 벽을 세워놓은 것 같았다. 기차역 주변의 도로만 치워졌고 다른 곳은 집의 지붕 높이만큼 눈이 쌓여 있었다.

기차가 역에 멈춰 선 동안 나는 기차 밖으로 나가고 싶었다. 승무원은 내 털외투의 단추를 잘 채우고 목도리로 감싸고 모자를 눌러 씌워 주며 절대로 역사를 벗어나지 말라고 신신당부를 했다. 처음에는 주변을 걸으며 낯선 경치를 보는 것만으로도 신이 났다. 역사를 둘러보고 눈 뭉치를 만들어 선로 밖으로 던지기도 했다. 그러다 슬쩍 역사 밖으로 나와서 길 옆으로 치워놓은 얼어붙은 눈 더미 위로 기어 올라가 기우뚱거리며 걸었다. 역사 뒤편에도 얼어붙은 눈 더미가 있어 그 위를 타고 역사 지붕 위에도 쉽게 올라갈 수 있었다. 지붕은 제법 경사졌고 얼어붙은 눈 뭉치가 많았다. 얼음 덩어리를 타고 지붕 꼭대기에 오르는 일은 신나는 모험이었다. 나는 조심해서 얼음 덩이를 잡고 미끄러지지 않게 발걸음을 떼어 가까스로 지붕 꼭대기에 올라앉았다. 그런데 얼음 덩이를 발로 딛고 중심을 잡으려는 순간 발꿈치의 무게에 얼음이 깨지면서 그만 미끄러졌다. 처음에는 그냥 발이 앞으로 미끄러져 내리다가 무게 중심이 앞으로 쏠리면서 몸이 거꾸로 눈 속으로 처박혔다. 그런데 놀랍게도 눈 속은 마치 환상의 세계 같았다.

  미끄러져 처박힌 눈 속은 아주 부드럽고 따뜻한 고요의 세계였다. 사방에서 희미한 빛이 스며드는 것 같았다. 눈 속에 떨어지면서 위에서 아래로 뚫린 작은 동굴이 만들어졌다. 눈은 굉장히 부드러워서 장갑을 낀 주먹으로 눈을 밖으로 밀어내면서 공간을 넓혀갔다. 터널을 만들고 방도 만들었다. 이어서 눈 벽으로 된 집 한 채를 짓기 시작했다.

"자, 꼬마야, 가자. 너 기관차 타본 적 없지?"

"예, 없어요."

"손잡이를 꼭 붙들고 있어야 한다. 그리고 연료를 넣을 때 삽질에 방해되지 않게 화덕 가까이는 오지 말고."

기관사가 나를 자기 옆자리로 옮겨 앉혔다. 그리고 말했다.

"너는 이 파이프만 꼭 잡고 다른 것은 아무것도 만지면 안 돼."

기관차가 요란한 소리를 내면서 움직이기 시작했다. 점점 속도를 내더니 날아가는 것처럼 빨리 달렸다. 기차를 타는 것과는 달랐다. 경사와 커브 길을 달릴 때마다 기관차는 요동을 쳤고 손잡이를 꼭 잡고 있어도 발이 제자리에 붙어 있지를 않았다. 기관차의 굉음은 귀가 먹을 정도였다.

기관사는 상자처럼 생긴 자리에 등을 기대고 앉아서 앞에 있는 길고 납작한 창문으로 밖을 내다보았다. 맞은편에 앉은 화부는 몇 분마다 일어나서 화덕 문을 열고 조개탄을 몇 삽씩 퍼 넣었다. 덜커덕거리는 문을 닫고 다시 의자에 앉아 끝없이 이어지는 선로를 바라보았다.

한두 번 기관사가 화부에게 뭐라고 외치는 소리 이외에는 모두 말이 없었다. 작은 역 여러 개를 통과했다. 역마다 사람이 나와서 작은 깃발을 흔들었다. 기관사가 화부에게 말했다.

"스미스 씨가 우리가 무사히 통과할 수 있도록 다 조치를 해놓았어."

 화부는 알았다며 고개를 끄떡였다. 기관사는 역을 통과할 때마다 손을 뻗어 자기 머리 위에 있는 기적 소리를 울리는 줄을 몇 번 잡아당겼다가 다시 놓았다. 그때마다 뚜- 뚜- 뚜- 하는 고음이 났다.

 몇 번 그렇게 하고 나서는 나를 번쩍 들어올려서 자기의 무릎에 앉혔다. 창문 밖이 잘 보였다. 그는 내 손을 잡고 들어올려 기적 소리를 내는 줄을 잡게 했다. 다음 역을 통과할 때 그는 소리가 나도록 같이 줄을 잡아당겼다. 그는 싱긋 웃으며 내게 물었다.

 "이제 너 혼자 할 수 있겠니?"

 나는 기뻐서 어쩔 줄을 모르며 대답했다.

 "예."

 "좋다. 그러면 내가 당기라고 할 때마다 줄을 당겨라."

 기차가 다음 역을 통과할 때 나는 그의 지시에 따라 줄을 당겨서 기적 소리를 만들었다. 그 순간 나는 캐나다에서 가장 신나고 자랑스러운 아이였다.

 그러나 우리가 캘거리에 도착했을 때는 결코 자랑스럽지 못했다. 화가 많이 난 승무원이 나를 보자 내 팔을 잡아끌고 가서 내 자리에 앉혔다. 주위를 둘러보니 승객들도 모두 못마땅한 표정이었다. 나 때문에 꽤 많은 시간을 낭비했기 때문이었다.

그 이후 나머지 여행은 별 탈 없었고, 나는 무사히 필라델피아에 도착했다. 메리언 이모님이 마중 나와 계셨다. 개구쟁이 이종사촌들 여섯 명과 할머니도 함께 나를 맞아주었다.

폰드레이에서의 기도

어느 해 여름, 아버지와 캐럴 누나와 나는 사촌 형제들을 방문하고 아이다호 주 북부에 있는 작은 마을에서 지냈다. 사람들은 그 마을을 폰드레이라고 불렀다. 몇 년이 지나서야 원래 이름은 프랑스 말로 귀걸이라는 뜻의 퐁 오레이라는 것을 알았다. 호수에 붙어 있는 땅이 귀걸이 모양을 닮았다고 해서 붙은 이름이었다.

우리는 아버지가 그곳 삼림 지대의 나무로 목재 사업을 하는 몇 달 동안 폰드레이의 퍼거슨 씨 가족과 함께 지냈다. 아침마다 아버지는 퍼거슨 씨와 함께 트럭을 타고 작업장으로 가셨다. 퍼거슨 씨 집은 마을 어귀에 있었다. 뒷마당에서 몇 걸음만 걸어가면 우거진 산림과 깊은 계곡이 나타났다.

나는 퍼거슨 씨에 대한 기억은 별로 없지만 큰 키에 긴 구레나룻 수염을 한 깡마른 모습이었다는 것은 기억한다. 퍼거슨 부인은 키가 크고 어머니 같은 아일랜드 여자였는데, 툭하면 캐럴

누나와 나를 호들갑스럽게 치켜세웠다. 한 가지 마음에 들지 않았던 것은 우리 둘을 그녀의 커다란 팔에 감싸고 숨이 막힐 정도로 꼭 끌어안는 것이었다. 그러면 나는 그녀의 팔에서 벗어나려고 몸부림을 쳤다.

그녀는 "하느님, 맙소사!"라는 말을 입에 달고 살았다. 아무 때고 무슨 일에나 "하느님, 맙소사!"를 외쳐댔다.

"하느님, 맙소사! 이렇게 잘생긴 녀석이 있다니!"

내가 그녀를 기쁘게 해주면 그녀는 어김없이 외쳤다.

"하느님, 맙소사! 죽여주는데!"

폰드레이에 도착하고 이틀이 지난 어느 날, 캐럴과 나는 뒷마당에서 찰흙으로 소꿉놀이를 했다. 조금 놀다가 숲속에 가서 다른 놀이 재료를 찾아보기로 했다. 좁다란 계곡으로 내려서자 집이 보이지 않았다. 골짜기를 따라 흐르는 작은 시냇가를 오가며 소꿉놀이할 여러 재료를 찾느라 시간 가는 줄 몰랐다. 처음 온 곳이라 우리가 어디쯤에 있는지도 몰랐다. 이리저리 다니면서 골짜기를 이어주는 좁고 긴 다리 아래를 지났다는 사실만 기억했다. 그 다리는 매일 아침 아버지와 퍼거슨 씨가 트럭을 타고 지나가는 길목이었다. 날이 저물고 그림자가 길어지자 그때서야 시간이 꽤 지났음을 알았다. 골짜기는 평지보다 일찍 어두워졌다. 날이 저물자 배가 고팠다. 나는 캐럴에게 말했다.

"누나, 이제 집에 가자. 배고파."

캐럴은 내 손을 잡고 퍼거슨 씨 집 쪽이라고 짐작되는 방향으로 걸어갔다. 집으로 가는 길을 찾으려고 골짜기 아래를 따라 걸었다. 나는 울기 시작했다. 지치고 배고프고 무서웠다. 골짜기 옆의 절벽은 높고 가파른 바위투성이라 올라갈 수가 없었다. 캐럴은 통나무 하나를 찾아서 그 위에 나를 앉히고 내 옆에 앉았다.

내가 물었다.

"길을 잃어버린 거지?"

캐럴은 고개를 힘없이 끄떡였다. 나는 큰소리로 울기 시작했다. 캐럴이 소리를 질렀다.

"울음 뚝 그치지 못해! 조용히 하란 말이야. 길을 잃은 것이 아니야. 무서워할 것 없어."

우리는 앉아서 조금 더 쉬었다. 캐럴이 다시 나를 달래며 말했다.

"길을 잃어버린 것이 아니라 정확하게 여기가 어딘지를 모를 뿐이야."

캐럴은 내게 눈을 맞추며 물었다.

"우리가 계곡을 몇 번이나 건넜는지 아니?"

나는 몇 번 건넜는지 세지 않았다.

"몰라. 왜?"

캐럴은 계곡을 가리키며 말했다.
"우리가 계곡 건너에 있으니까 반대편으로 가야 해."
캐럴이 내 손을 잡고 말했다.
"자, 가자. 이제 방향을 알겠어."
우리는 터벅터벅 무거운 걸음을 옮겼다. 나는 훌쩍거리다가 소리 내어 울기도 했다. 너무 무서웠고 어떻게 해야 할지 몰랐다. 그런데 갑자기 캐럴이 좋은 생각이 났다며 말했다.
"우리 기도하자."
나는 훌쩍거리면서 큰 소리로 주님의 기도를 외우기 시작했다. 캐럴이 그만하라고 했다. 나보다 나이가 많고 주일 학교를 더 다닌 캐럴은 분명하게 말했다.
"이런 때는 주님의 기도가 아니라 시편 23편을 기도해야 해."
"시편 23편은 몰라. 주님의 기도만 안단 말이야."
내가 울면서 말했다.
"우리가 골짜기에 있기 때문에 골짜기에 관한 기도인 시편 23편을 외워야 해."
캐럴이 주장했다.
내 생각에도 그 말이 맞는 것 같기는 했지만 나는 그 기도를 모르기 때문에 계속 캐럴에게 모른다고 말할 수밖에 없었다.
"조용히 해. 너는 내가 말하는 것을 듣고 따라서 하면 돼. 알았지?"

캐럴은 시편 23편을 외우기 시작했고, 나는 따라 했다.
"야훼는 나의 목자, 아쉬울 것 없어라……."
이제는 골짜기 아래가 정말 캄캄해졌다. 캐럴은 계속 따라 하라고 하면서 시편 23편을 외웠다.
"잔잔한 물가로 나를 이끄시니……."
내가 말했다.
"이 물은 잔잔하지 않아."
계곡물은 바위를 타고 재잘거리며 흘렀다. 물은 우리가 있는 곳에서 더 깊고 넓어졌다.
"조용히 하고 나를 따라서 기도나 해."
나는 중얼거리면서 캐럴을 따라 걸었다. 캐럴이 말했다.
"물이 어떤 것이든 상관없어. 어쨌든 시편에 그렇게 씌어 있단 말이야."
내가 골짜기 건너편을 가리키며 말했다.
"누나! 저 개들 좀 봐!"
크고 털이 많은 개 네 마리가 우리를 바라보았다. 아주 아름다운 긴 털을 지닌 녀석들이었다.
캐럴이 초조하게 말했다.
"개는 상관하지 말고 계속 걸으면서 기도나 하자."
"죽음의 골짜기를 걷는다고 하더라도……."
나는 제대로 뜻도 모르면서 캐럴이 외우는 기도문을 듣고 따라 했다.
 개들은 골짜기 건너편에서 우리와 보조를 맞추면서 계속 따라왔다.
 "막대기로 나를 지켜주시고……. 막대기로 지켜주시고……."
 캐럴은 기도문을 더 외우지 못하고 막혀버렸다. 캐럴이 말했다.
 "나머지는 잊어버렸어."
 나는 낙심하면서 바위에 주저앉았다.
 캐럴은 내 무릎을 일으켜 세우면서 말했다.
 "괜찮아. 그래도 골짜기 부분에 관한 기도는 드렸으니까. 지금은 그것이 가장 중요한 부분이거든. 제발 그만 울어."

 바로 그때 멀리 있는 다리를 보았다. 트럭이 지나갔다. 다리를 향해 뛰어가서 보니 바로 아버지와 퍼거슨 씨가 탄 트럭이었다. 소리를 질렀지만 그들은 우리가 외치는 소리를 듣지 못했다. 우리는 골짜기를 따라 내려왔다. 나는 개들이 아직 있나 하고 찾아보았다. 개들은 처음에 나타났을 때처럼 조용히 사라지고 없었다. 조금 실망스러웠다. 아주 귀여운 녀석들이었는데.
 캐럴이 내 팔을 끌었다.
 "봐! 집이야."
 골짜기 너머로 집 굴뚝이 보였다. 우리는 있는 힘을 다해 집을 향해 언덕을 기어 올라갔다. 둘 다 눈물범벅인 채로 손을 잡고 달렸다. 캐럴이 먼저 현관으로 가서 문을 두드렸다. 이제 안심이 됐는지 캐럴도 소리 내어 울었다. 두드리는 소리를 듣고 퍼거슨 부인이 문을 열어주었다. 캐럴이 울면서 말했다.

"길을 잃어서 헤매고 다녔어요."

"하느님, 맙소사!"

그녀는 우리 둘을 그 넓은 가슴으로 끌어안으며 말했다.

"자, 이제 울음을 그치렴. 집에 돌아왔잖니."

아버지와 퍼거슨 씨는 우리가 모자와 코트를 벗는 사이 집 안으로 들어오셨다. 퍼거슨 부인이 즐거운 목소리로 말했다.

"5분만 기다리면 저녁을 먹을 수 있단다. 너희들 오늘 제대로 공부를 한 모양이다."

우리는 너무 배가 고파서 말없이 밥을 먹기 시작했다. 밥을 반쯤 먹었을 때 가까운 숲에서 짐승의 울음소리가 길게 들렸다. 모두 본능적으로 창문을 바라보았다. 캐럴이 물었다.

"무슨 소리예요?"

퍼거슨 부인이 말했다.

"이리 울음소리란다. 맙소사! 저 흉측한 녀석들이 밤이 되면 여기 주변을 어슬렁거리는구나."

퍼거슨 부인은 아버지에게 말했다.

"프레드 씨, 어두워진 뒤 집 밖에 나갈 때는 꼭 엽총을 가지고 나가세요. 저 녀석들 배가 고프면 두세 마리만 모여도 사람에게 달려들어 물어뜯거든요."

캐럴은 아주 희한한 표정으로 나를 쳐다보았다. 나는 갑자기 그녀의 얼굴이 하얗게 질린 이유를 알았다.

첫 자전거

어머니와 함께 캔자스시티 역에 도착하자, 마중을 나왔던 댄 작은아버지는 우리를 자동차에 태우고 당신 집으로 향했다. 그 자동차가 어떤 종류였는지는 기억나지 않지만 달릴 때 삑삑거리던 요란한 소리와 가끔 타탕 하고 엔진 터지는 듯한 소리를 내면서 검은 연기를 내뿜었던 것은 기억한다. 작은아버지는 그 차를 아주 자랑스럽게 여겼다. 그 차를 타고 동네를 지나가다 여성들을 만나면 모자를 벗고 정중하게 인사를 했다.

처음에는 작은아버지 댁에서 3주 정도 머물 예정이었지만 막상 3주가 거의 지나자 나는 새로 사귄 친구들과 도시가 마음에 들어서 조금만 더 머물자고 어머니를 졸랐다. 하지만 어머니는 안 된다고 하셨다. 댄 작은아버지와 대이시 작은어머니가 적극적으로 설득한 끝에 어머니는 겨우 나 혼자 몇 주 더 있게 허락하셨다. 시애틀로 돌아갈 때는 작은어머니가 데려다주기로 했다. 작은어머니는 항상 시애틀의 경이로운 산(山) 풍경을 보고 싶어 하셨다.

어머니가 시애틀로 돌아가고 며칠이 지난 어느 날 오후였다. 작은아버지는 자동차 뒤에 긴 나무 상자를 단단히 묶어서 싣고 오셨다.

"폴, 나와서 이 상자 좀 같이 풀자."

나는 기꺼이 작은아버지와 함께 밧줄을 풀고 나무 상자를 바닥에 내려놓았다. 상자에는 새 자전거가 들어 있었다. 어린이용 자전거였다. 불자동차처럼 빨간색에 크림색 줄무늬가 있는 멋진 자전거였다. 이 자전거가 누구 거냐고 묻지 못한 채 상자에서 자전거를 꺼내며 작은아버지의 말씀을 기다렸다.

작은아버지가 말씀하셨다.

"폴, 정말 근사한 자전거지?"

"예, 정말 근사해요."

"그런데 말이다, 나는 아직 자전거를 탈 줄 모른단다. 우리가 어렸을 때는 자전거가 별로 없었거든. 너도 알다시피 나는 이제 자전거를 탈 나이가 지났지. 사업을 하는 늙은이가 자전거를 타고 다니는 것은 남 보기에도 좀 그렇지?"

작은아버지는 생각에 잠긴 듯한 표정으로 나를 바라보았다.

"페달에 나무토막 몇 개만 올려놓으면 네게 꼭 맞겠구나."

작은아버지는 차 트렁크를 뒤적이면서 어깨 너머로 고개를 돌려 말씀하셨다.
"여기에 페달에 붙일 만한 나무토막이 있었는데……. 아, 여기 있다!"

작은아버지는 차 트렁크에서 작은 상자 꾸러미를 들고 나왔다. 안장에서 페달까지 발이 쉽게 닿을 수 있게 페달에 붙일 나무토막이었다. 작은어머니도 자전거를 보려고 앞마당에 나오셨다. 작은어머니는 내가 흥분하며 좋아하는 모습에 조용히 웃으셨다.

작은아버지가 물었다.
"폴, 너 아직 두발자전거는 타본 적이 없지?"
나는 그렇다고 고개를 끄덕였다.
"그렇게 어렵지 않아. 그냥 균형만 유지하면 돼."
작은아버지는 계속 말을 하면서 페달에 나무토막을 붙였다.
"자전거를 타면서 균형을 유지하고 계속 페달을 밟아주면 넘어지지 않을 거야."

작은아버지는 페달에 나무토막을 다 붙이고 난 뒤 말씀하셨다.
"자, 올라타 봐. 잡아줄 테니까."

나는 반짝이는 새 자전거 앞으로 가서 핸들을 잡으며 작은아버지께 여쭈었다.
"정말 이 자전거가 제 거예요?"

작은아버지는 빙긋 웃으며 고개를 끄떡였다.

나는 곧 시애틀로 떠날 것을 생각하며 다시 여쭈었다.

"제가 가지고 가도 돼요?"

"물론이지. 네 것이니 당연히 네가 가지고 가야지."

"와, 신난다!"

나는 소리치며 안장 위로 기어 올라갔다. 발이 간신히 페달이 닿았지만 상관없었다.

"자, 폴. 이제 내가 몇 번만 잡아주면 혼자서 탈 수 있을 게다."

작은아버지는 현관 앞마당에서 우리를 바라보고 있는 작은어머니를 부르며 물었다.

"당신, 내가 폴의 자전거를 뒤에서 잡고 우리 집 마당을 몇 바퀴나 돌면 폴이 혼자서 탈 수 있을 것 같소?"

작은어머니가 바로 대답했다.

"세 바퀴요."

작은아버지가 말씀하셨다.

"좋다. 내가 잡아주고 세 바퀴를 돌고 난 뒤에 너 혼자 탈 수 있으면 내가 아주 멋진 헤드라이트를 사서 달아주마."

나는 외쳤다.

"좋아요. 자신 있어요."

"나는 따르릉 종을 사주마."

작은어머니가 말씀하셨다.

내가 균형을 잡을 수 있게 작은아버지가 안장 뒤를 잡고서 우리는 출발했다. 작은아버지가 말씀하셨다.

"네가 서서히 페달을 밟으면서 앞으로 나가는 거야. 나는 균형을 잡을 수 있게 도와만 주는 거고."

우리는 비틀거리며 현관 앞에서 차가 들어오는 앞마당까지 내려갔다. 그리고 길을 따라 천천히 마당을 한 바퀴 돌았다. 길이 구부러지는 곳에서는 더 비틀거렸고, 한두 번 넘어졌지만 그런대로 작은아버지가 잡아주는 것을 믿고 자전거를 탔다. 작은어머니가 현관에 앉아서 우리를 격려해주려고 마당을 한 바퀴 돌자, "한 바퀴"라고 크게 외쳤다.

두 바퀴를 별 탈 없이 돌자, 작은어머니는 손을 흔들며 "두 바퀴"라고 외쳤다. 작은아버지가 말씀하셨다.

"너는 계속 페달을 움직여야 한다. 나는 숨이 차서 더는 말을 할 수 없구나. 명심해라. 넘어지면 헤드라이트는 없다."

"알았어요."

나는 대답을 하면서 핸들을 꼭 잡고 앞만 바라보며 계속 페달을 밟았다. 겨우 앞마당을 돌아서 다시 현관 앞에 왔다. 곁눈으로 작은어머니를 찾았다. 작은어머니는 여전히 웃으며 손을 흔들며 현관에 앉아 계셨다. 그런데 언뜻 보니 작은아버지도 그 옆에 앉아 시가에 불을 붙이고 계셨다.

나는 의기양양하게 그분들께 소리를 지르며 계속 페달을 밟았다. 순간 작은아버지가 왜 현관에 계시는지 의아해서 얼른 고개를 돌려 자전거 뒤를 보았다. 작은아버지는 뒤에 계시지 않았다. 다시 현관을 바라보았다. 작은아버지는 내게 손을 흔들며 외쳤다.

"아주 잘 타는데! 나는 좀 쉬고 있으마."

그 순간 나는 비틀거리며 그만 정원으로 자전거를 처박았다. 두 분은 나를 일으켜주려고 달려왔다. 두 분은 크게 웃으셨다. 작은아버지가 작은어머니에게 물었다.

"여보, 당신 어떻게 생각해요?"

작은어머니가 대답하셨다.

"글쎄요. 그래도 마지막 한 바퀴를 혼자 탔잖아요."

작은아버지가 말씀하셨다.

"당신 말이 맞아. 넘어지기 전에 한 바퀴를 돌았으니, 폴이 이겼어."

작은아버지는 안으로 들어가 모자를 쓰고 나오셨다.

"자, 가자, 빚은 빨리 갚아야지."

작은아버지는 나를 데리고 시내에 나가서 헤드라이트와 따르릉 벨을 사주셨다. 당시 헤드라이트는 카바이드 통을 연료로 쓰는 등으로 만들어졌다. 작은아버지는 카바이드 통도 샀다. 집으로 돌아와 카바이드 통을 따서 헤드라이트에 부착된 통에 가득 채우고 밸브를 잠갔다. 작은아버지는 밸브를 여는 방법과 카바이드를 넣고 다시 밸브를 잠그는 방법을 알려주었다. 조심스럽게 다루어야 한다고 주의를 주셨다.

"봐라. 여기 가스통에 충분한 압력이 생길 때까지 기다려야 한다. 그런 다음에 이렇게 아주 조심하면서 심지에 불을 붙여야 해. 알겠니?"

조절하는 작은 바퀴를 돌려 심지가 조금 보이게 하여 불을 붙였다. 퍽 소리를 내며 불이 붙자 얼른 유리 렌즈로 만든 덮개를 씌웠다. 서서히 아주 밝은 빛이 새어나왔다. 나는 소리를 질렀다.

"와아! 집을 다 비출 수 있을 만큼 밝아요."

작은아버지는 만족스러워하셨다.

"그렇지, 정말 밝지?"

작은아버지는 나를 현관 계단에 앉히고 당신도 옆에 앉았다.

"네가 자전거를 타면서 꼭 지켜야 할 게 몇 가지 있다. 규칙 같은 거지."

잠시 뜸을 들인 후 계속 말씀하셨다.

"첫째, 절대로 말이나 마차나 수레가 지나갈 때는 벨을 울리면 안 된다. 왜 그런지 아니? 말을 놀라게 하면 말이 달아나면서 사람을 다치게 할 수 있단다."

내가 고개를 끄덕이며 대답했다.

"예, 명심할게요."

"그 다음, 자동차가 오는 것을 보면 브레이크를 잡고 얼른 자전거에서 내려서 길가에 서 있어야 한다. 알겠지?"

작은아버지는 거친 손가락으로 내 어깨를 두드리며 말씀하셨다.

"약속할 수 있지?"

나는 대답했다.

"약속할게요."

"내가 얼른 자전거에서 내리라고 하는 이유는 자동차가 순간적으로 방향을 잃고 언제 갑자기 달려들지 모르기 때문이야. 네가 자전거에서 내려 서 있다면 자동차가 갑자기 달려들어도 길가로 피할 수가 있지."

작은아버지는 계단에서 일어나면서 내 머리를 쓰다듬으며 말씀하셨다.

"자, 네가 이런 규칙들을 잘 지키기만 한다면 이 자전거는 영원히 네 거야."

일주일이 못 되어 나는 선수처럼 자전거를 잘 탈 수 있었다. 어머니가 허락한 한 달이 쏜살같이 지나고 어느덧 시애틀로 돌아갈 날짜가 다가왔다. 나는 자전거가 걱정되었지만 작은어머니는 거듭 안심시켜주었다.

"조금도 걱정하지 마라. 우리가 타고 가는 기차에 수화물로 자전거를 부칠 수 있단다."

나는 날이 어두워진 뒤에도 자전거를 즐겨 탔다. 밤에는 집 앞의 길에서만 타도록 허락을 받았지만 헤드라이트의 불빛을 비추며 타는 것이 재미있었다. 내 안전을 책임진 작은아버지와 작은어머니는 밤에 자전거 타는 것을 걱정하셨다. 작은어머니는 헤드라이트 등에 불 붙이는 일이 위험하다고 하셨다. 특히 성냥은 위험하여 아이들에게는 금지된 물건이었다.

나는 조심할 것을 약속하고 두 분을 겨우 설득해서 밤에 자전거 탈 때만 성냥을 지닐 수 있었다. 나는 자전거를 밖으로 가지고 나가서 카바이드 등에 점화를 했다.

시애틀로 돌아가기 일주일 전, 그날도 나는 밤에 자전거를 탔다. 불을 붙이려는데 카바이드 통에서 가스가 나오지 않았다. 작은아버지가 시범을 보여준 대로 탱크를 채우고 점화를 하려고 했지만 불이 붙지 않았다. 나는 카바이드 통 안의 가스가 떨어졌다고 생각했다. 그래서 새 카바이드 통을 가지러 집 안으로 들어갔다.

작은아버지는 카바이드 통을 지하실 선반 위에 보관하셨다. 당시 지하실은 습해서 가스가 차기 쉬웠다. 그러나 카바이드 통은 꼭 맞는 안전 덮개가 씌워져서 화학 물질인 카바이드가 샐 염려가 없었다.

처음에는 의식하지 못했지만 지하실 아래에서 이상한 냄새가 났다. 기분이 좋지 않은 냄새였다. 잠시 동안 어둠 속에서 손으로 더듬거리다 주머니에서 성냥을 꺼내 불을 붙이려고 마룻바닥에 대고 세게 그었다. 성냥에 불이 붙자 부드럽게 쏴아 하는 소리가 나더니 따뜻한 기운이 나를 감싸는 느낌이 들었다. 그러고 나서 몇 초 동안 푸른빛이 튀면서 오싹한 느낌을 받았다. 손에서 성냥이 튕겨져 나갔다.

그때 위층에서 작은어머니의 비명 소리가 들렸다. 나는 무슨 일인지 알아보려고 있는 힘껏 뛰어 올라갔다.

작은어머니가 소리쳤다.

"폴, 너 지하실에서 무슨 짓을 한 거니?"

나는 작은어머니께 말씀드렸다.

"아무 짓도 안 했어요. 카바이드 통을 찾고 있었어요."

지하 계단에서부터 부엌까지 가스가 폭발했다. 부엌을 둘러보니 선반에 남은 접시는 거의 없고 산산조각이 나서 마룻바닥에 나뒹굴었다. 창문의 유리도 모두 깨져서 밖으로 튕겨 나갔고, 부엌 문 윗부분에 있는 장식 유리도 뻥 뚫렸다. 집 안에 성한 유리는 하나도 없었다.

그때 사람들이 아우성을 치면서 몰려오는 소리를 들었다. 집이 어떻게 되었는지 보려고 몰려오는 이웃 사람들을 보려고 우리는 밖으로 나왔다. 한 이웃이 말했다.

"폭발음이 굉장했어요. 도시 전체가 날아가는 줄 알았어요."

작은어머니에게 여쭈었다.

"무슨 폭발 소리요? 저는 아무런 소리도 못 들었는데요."

작은어머니는 처음으로 나를 똑바로 바라보더니 갑자기 소리를 지르셨다.

"어머나! 너 도대체 어떻게 된 거냐?"

작은어머니는 내 얼굴과 머리를 당신 손으로 빗질하듯 쓸어내렸다. 작은어머니가 말씀하셨다.

"네 눈썹과 속눈썹이 다 타버렸구나. 머리카락도 반 이상이나 탔고."

작은아버지는 시가를 사려고 동네 어귀에 있는 가게에 갔다가 놀라서 달려왔다. 얼마나 급하게 달려왔는지 숨을 몰아쉬며 말씀하셨다.

"무슨 일이야? 거리를 뒤흔드는 폭발 소리를 들었어."

나는 지하실에서 성냥을 켰던 일에 대해 말씀드렸다. 작은아버지가 소리쳤다.

"아, 그 카바이드! 너, 그것을 찾았니?"

나는 고개를 저었다.

우리는 안으로 들어갔다. 작은아버지는 지하실 계단을 내려갔다가 전구가 나갔다는 것을 기억하고는 차고로 가서 새 전구를 가져왔다. 나는 같이 지하실로 내려가서 작은아버지가 어둠 속에서 전구를 갈아 끼우는 동안 작은 사다리를 잡아드렸다.

"무슨 일인지 알아낼 때까지 다시 성냥을 켜서는 안 된다."

전구에 불이 들어오자 우리는 카바이드 통의 점화선이 떨어져 나가 바닥을 치고 천장까지 튀어 올라갔다는 것을 알았다. 카바이드 통이 놓였던 지하실 바닥은 물기가 많았고, 거기에 서서히 아세틸 가스가 새어나오면서 지하실 전체에 퍼졌다. 가스가 새는 것을 아무도 몰랐다.

조금 있으니 경찰관 두 명이 나타났다. 그들이 집 안으로 들어오자 나는 응접실에 계신 작은아버지께 달려가 물었다.

"제가 잡혀 가나요?"

작은아버지는 안심시켜주셨다.

"아니, 그런 일은 없다."

작은아버지는 잠시 동안 경찰관들에게 상황을 설명했다. 그들은 더는 위험이 없는지 살펴보려고 함께 지하실로 내려갔다. 그 중 한 경찰관이 말했다.

"어쩌면 아이가 가스를 폭발시킨 것이 천만다행인지도 몰라요. 가스가 집 안을 다 채운 다음에 폭발했으면 어떻게 되었겠어요? 아마 집 전체가 날아가고 안에 있던 사람은 모두 죽었을지도 모르지요."

저녁을 먹으려고 우리는 식탁에 둘러앉았다. 임시방편으로 거실의 창문은 모두 두꺼운 종이로 막아놓았다. 폭발이 있었는데 어떻게 내가 별로 다치지 않았는지, 그리고 왜 부드럽게 쏴아 하는 소리 외에는 어떤 폭발음도 듣지 못했는지 모두 의아해했다.

작은아버지가 말씀하셨다.

"내 생각에는 말이지 네가 바로 폭발의 한가운데 있어서 날아가지 않은 거야. 마치 태풍의 눈 같은 거지. 그러니까 압력이 순간적으로 네 주변의 모든 것을 진공으로 만들었고, 그래서 아무 소리도 들을 수 없었던 게야. 모든 소리가 네가 있는 가운데에서 밖으로 나간 거야."

작은아버지는 당신의 설명에 대해 확신할 수는 없다는 듯 덧붙였다.

"내 생각이 그렇다는 거야."

작은어머니는 매일 아침 닭고기 기름으로 내 눈썹을 문질렀다.

"네 어머니에게 돌아가기 전에 눈썹이 나야 할 텐데 큰일이다. 닭고기 기름이 털을 빨리 자라게 한다는구나."

그 다음 주 우리가 시애틀에 도착했을 때, 작은어머니는 어머니에게 할 말이 많으셨다. 이야기를 다 들으신 어머니는 아예 카바이드 통을 집 안에는 못 들여놓게 하셨다. 나는 카바이드 통의 안전 장치를 단단히 잠근 후 차고에 두었다.
 작은어머니는 2주 동안 우리와 함께 지내다가 캔자스시티로 돌아갔다. 그 후 몇 년이 지나서야 작은어머니를 다시 만날 수 있었다.

 작은어머니가 시애틀에 오셨을 때를 생각하면 아직도 웃음이 나는 재미있는 사건이 있다. 작은어머니는 일요일 저녁 준비를 위해 고기를 사려고 식품점에 가셨다. 가게에는 다른 중년 부인들이 몇 명 더 있었는데 그들 중 한 사람이 냉동 칸에서 커다란 연어를 고르고 있었다. 그녀가 점원에게 연어를 보여주면서 말했다.
 "오늘 저녁에는 아무래도 치누크 바람이 불 것 같아요."
 점원이 칼로 생선을 잘라 종이에 싸주면서 대답했다.
 "맞아요. 그럴 것 같군요."
 (치누크는 미국 서부 워싱턴, 오레곤 주의 해안에서 부는 습하고 따뜻한 서남풍이다. 작은어머니는 치누크가 이곳 사람들이 연어를 일컫는 말로 잘못 알아들으신 것이었다.) 점원이 연어를 포장해주자 그녀는 다른 코너로 갔고, 작은어머니가 그 점원에게 다가갔다.
 "아, 그 생선이 아주 싱싱해 보여요. 저도 오늘 저녁에는 치누크 요리를 해야겠어요."

그 말에 먼저 생선을 샀던 여자가 돌아보며 놀란 표정을 짓더니 곧 웃음을 터뜨렸다. 점원도 고개를 숙이고 킥킥거렸다. 작은어머니는 그 사람들을 한 사람씩 바라보며 얼굴이 빨개져서 물었다.

"뭐가 그렇게 재밌어요? 제가 무슨 우스운 행동을 했나요?"

그 순간 생선을 샀던 여자는 웃음을 그치고 다른 쪽으로 가 버렸다. 점원이 말했다.

"아주머니, 악의는 전혀 없습니다. 다만 치누크는 생선 이름이 아니라 남쪽에서 부는 바람이거든요."

작은어머니는 더듬거리며 말했다.

"아, 그랬군요. 웃을 만하네요."

작은어머니는 점원에게 큰 생선을 가리키며 말했다.

"저 생선 한 마리 살 수 있을까요?"

그는 즐거운 듯이 대답했다.

"아 예, 아주 고급 연어지요."

그는 속으로 쿡쿡거리면서 생선을 싸서 주었다. 우리가 가게에서 나온 후에 고개를 돌려 안을 들여다보니 그 여자와 점원은 여전히 낄낄거리고 있었다.

이 이야기는 삽시간에 온 동네에 퍼졌다. 며칠 뒤 거리에서 어떤 아주머니를 만났는데 어머니에게 웃으면서 물었다.

"마거릿, 지난 주 일요일에 치누크 요리는 맛있게 드셨나요?"

나는 작은어머니가 이미 캔자스시티로 돌아가신 뒤여서 그 말을 듣지 못한 것이 천만다행이라 여겼다.

사랑에는 끝이 없다

초등학교 담임선생님이었던 벤슨 선생님은 이 지구별에서 가장 친절하고 상냥하고 아름다운 여성이었다. 나는 어른이 되면 선생님과 결혼하고 싶었다. 물론 선생님이 나를 기다려준다면 말이다. 나는 아침 수업 시간 내내 손이 올라가려는 것을 참느라 몸이 비비 꼬였고, 수업이 끝나고 선생님과 헤어질 시간이 다가오면 안타까운 마음을 주체할 수가 없었다.

벤슨 선생님이 칠판을 지우거나, 칠판 지우개를 밖에서 털고 오거나, 과제물을 나눠주거나 걷어서 선생님의 넓은 책상에 갖다 놓을 지원자를 찾을 때면 나는 언제나 제일 먼저 손을 들었다. 내가 선택되는 그 순간은 정말 행복했다. 다른 급우들을 제치고 선생님께 가장 가까이 다가갈 수 있기 때문이었다. 나는 그 시간을 오래 끌고 싶어서 몇 번이고 다시 과제물을 정리를 한 다음 선생님의 책상 위에 올려놓았다.

새 학기가 시작되자 나는 어머니가 점심 도시락을 평소보다 많이 담도록 식사량을 늘렸다. 어머니에게 사과나 복숭아, 자두 등을 더 많이 담아달라고 계속 졸랐다. 용기가 없어서 한 개는 선생님께 드릴 거라는 말은 하지 못했다. 선생님께도 과일을 직접 전해드릴 용기가 없어서 수업이 시작되기 전에 몇 번이나 닦아서 반들반들 윤이 나는 사과나 다른 맛있는 과일을 아무도 모르게 선생님의 책상에 올려놓았다. 다른 아이들에게도 들키지 않게 아침 일찍 학교에 갔다. 벤슨 선생님의 반응은 항상 똑같았다. 선생님은 교실에 들어와서 책상에 앉으며 인사했다.

"얘들아, 안녕?"

"안녕하세요? 선생님."

선생님은 내가 몰래 책상 위에 놓아둔 과일이나 다른 선물을 집어 들고는 교실을 둘러 보셨다.

"아, 굉장히 맛있겠다! 사려 깊은 학생이 갖다 놓았구나. 이것 가져온 사람 손들어볼래?"

아무도 손을 들지 않았다. 물론 나도 고개를 숙이고 책상만 바라보았다.

선생님은 확신에 찬 목소리로 말씀하셨다.

"누군가 나를 좋아하나 보다. 그런데 누굴까?"

나도 모르게 얼굴이 붉어졌다. 모두가 나를 빤히 쳐다보는 것 같았다. 선생님이 그 과일을 책상 서랍에 넣고 수업을 시작하면 그때서야 안도의 숨을 쉬었다.

나는 늘 문제를 일으켰다. 그것은 세상에서 가장 원하지 않는 일인데도 늘 일이 꼬였다. 수업에 집중하지 못한 탓이었다.

나는 상념에 빠져 수업 시간 내내 창밖을 바라보았다. 우리는, 즉 나와 선생님은 숲속에 있었고 내 팔은 선생님의 허리를 감싸안았다. 갑자기 정글에서 육중한 코끼리가 요란한 소리를 내며 달려들었다. 심술궂게 번뜩이는 코끼리의 작고 붉은 눈이 우리를 노려보며 고속 열차처럼 빠르게 돌진했다. 나는 침착하게 코끼리를 잡을 장총을 조준하여 급소인 눈 사이를 정통으로 맞추었다. 코끼리는 우리 앞에서 쓰러졌다. 무릎을 꺾으며 천천히 옆으로 누웠다. 힘없이 꺾인 코끼리 다리 하나가 벤슨 선생님의 깨끗한 구두 끝에 닿았다.

선생님은 사랑스러운 팔로 나를 힘차게 끌어안았다.

"폴, 너는 나의 영웅이야. 네가 내 물고기를 구해주었어!"

나의 여주인공이 책상 옆으로 다가와 내 어깨를 칠 때야 꿈에서 깨어났다.

"폴, 물고기 철자가 어떻게 되냐고 물었지? 차라리 꿈의 철자를 물어볼 걸 그랬구나!"

아이들이 킥킥거리고 웃었다. 나는 부끄러워서 얼굴이 빨개졌다. 방과 후 나는 학교에 남아서 선생님이 칠판에 써놓은 문장을 스물다섯 번이나 적어야 했다. 그 문장은 '저는 백일몽을 꾸지 않겠습니다'였다.

우리 둘만이 교실에 남게 되어서 차라리 벌은 내겐 기쁨이었다. 벤슨 선생님은 책상에서 바쁘게 일을 하셨고, 나는 벌로 받은 문장을 되도록 천천히 적었다.

어느 가을, 다음날이 선생님 생일이라는 누군가의 말에 우리 반은 흥분으로 들끓었다. 모두 선생님께 선물을 드리고 싶어 했다. 나는 기쁨으로 가슴이 터질 것 같았다. 공개적으로 선생님께 선물을 드릴 수 있는 기회였다. 그날 오후 나는 산으로 들로 다니면서 야생화를 꺾어서 멋진 꽃다발을 만들려고 했지만 하필 꽃 피는 시기가 아니었다. 하지만 덤불 속에서 여러 가지 야생 열매들과 마른 엉겅퀴의 관모 등을 발견했고, 멋진 붉은 잎사귀도 찾아냈다. 이것들을 엮어서 야생 식물로 된 화환을 만들었다.

아침에 반 아이들이 줄을 서서 선생님께 선물을 드릴 때 나는 맨 뒤에 섰다. 드디어 내 차례가 되어 선생님께 야생 화환을 드렸다. 선생님은 화환을 받으시더니 탄성을 지르며 한참 동안이나 뺨에 대고 있다가 머리에 썼다. 웃음을 지으며 머리에 그 화환을 쓰자 마치 내가 큰 상을 받은 것 같았다. 더 큰 상은 벤슨 선생님이 화환을 정리해 꽃병에 꽂는 동안 그걸 내게 들고 있게 한 일이었다. 그날은 금요일이었다. 오후가 되자 선생님이 말씀하셨다.

"애들아, 오늘 너희들에게 아주 좋은 선물을 많이 받았구나.

우리 함께 파티를 열자."

교과서를 옆으로 치우고 우리 모두는 선생님의 이야기에 빠져 들었다. 조금 있으니 관리 아저씨가 커다란 종이 봉투와 상자를 선생님께 전했다. 선생님은 우리를 바라보며 웃었다.

"내가 존슨 씨에게 과자와 아이스크림을 사달라고 부탁했단다. 누가 나를 도와주겠니?"

나는 선생님의 말씀이 끝나기도 전에 손을 번쩍 들고 파도치듯 흔들었다.

"좋아, 폴. 나오너라. 나는 과자 접시를 돌릴 테니 너는 아이스크림을 하나씩 나누어주렴."

그날 오후는 너무 빨리 지나갔다. 우리는 수업이 모두 끝나는 종소리를 듣고서야 가방을 챙겼다.

다음 주 월요일에 벤슨 선생님은 결근을 하셨고 다른 선생님이 대신 들어오셨다. 오전 수업의 절반이 지날 때쯤, 나는 교장실로 오라는 호출을 받았다. 교장실에 들어가니 어머니가 교장 선생님 앞 의자에 앉아 계셔서 너무 놀랐다.

교장 선생님이 말씀하셨다.

"폴, 앉아라."

탁자 위에는 내가 만든 야생 화환이 놓여 있었다. 교장 선생님은 탁자를 향해 손을 흔들며 말씀하셨다.

"네가 벤슨 선생님께 드린 거지?"

"예, 교장 선생님."
"신중하게 생각하고 드렸니?"
내가 대답했다.
"예, 그랬어요."
교장 선생님은 눈 꼬리를 치켜떴다.
"네가 이 잎을 따서 고의로 선생님께 드렸단 말이지?"
"선생님 생일 선물로 드렸어요."
교장 선생님이 물었다.
"너, 선생님이 지금 어디에 계시는지 아니?"
내가 대답했다.
"몰라요. 오늘 학교에 나오시지 않은 것만 알아요."
교장 선생님은 아주 천천히 분명하게 말씀하셨다.
"벤슨 선생님은 병원에 계신다. 너 때문에."
그 말에 나는 충격을 받았다.
"네가 선생님께 무엇을 드렸는지 아니?"
나는 고개를 끄떡이며 대답했다.
"머루, 달래 등 야생 열매들과 엉겅퀴 관모와 그리고 예쁜 빨간색 잎인데요."
"저 빨간색 잎이 바로 독이 들어 있는 담쟁이다."
그의 목소리는 매우 격앙되고 화가 나 있었다.
"너는 그 담쟁이 잎을 뜯고 어떻게 아프지 않았니? 장갑을 꼈

었니?"

나는 고개를 저었다.

"장갑은 끼지 않고 그냥 뜯었어요. 독이 있는 줄 몰랐어요."

그가 말했다.

"머루, 달래 따위 야생 열매 이름과 엉겅퀴 관모까지 알면서 독이 있는 담쟁이를 모른다고 하면 내가 믿을 것 같니?"

"저는 야생 열매를 따서 잘 먹어요. 그런 것들은 잘 알지만 독이 있는 담쟁이는 정말 몰랐어요."

교장 선생님은 자리에서 일어나며 선언하셨다.

"너에게 10일 동안 정학 처분을 내리겠다. 그 이후는 네 행동에 달렸다."

교장 선생님은 어머니에게 말씀하셨다.

"빌리어드 부인, 폴을 데리고 지금 당장 집으로 돌아가세요."

나는 집으로 돌아오는 내내 훌쩍거렸다. 학교에서 정학을 받아서가 아니라 사랑하는 선생님께 비극을 안겨드렸기 때문이었다. 어머니는 이 일에 대해 아무 말씀이 없으셨다. 나는 벤슨 선생님에 대한 걱정과 다시 학교에 돌아간 후에 일어날 일에 대한 걱정으로 밤잠을 설쳤다.

다음날 나는 할 일 없이 뒷마당을 어슬렁거렸다. 점심을 먹은 후에 숲속에 가서 독이 있는 담쟁이 잎을 조금 따다가 어머니께 보여드렸다.

"엄마, 나는 선생님을 아프게 할 생각이 아니었어요. 장갑 같은 것은 끼지 않았어요."

어머니는 담쟁이 잎을 바라보며 말씀하셨다.

"애야, 담쟁이 잎을 쓰레기통에 버려라. 그리고 비누칠을 많이 해서 손을 깨끗이 씻어라."

손을 씻고 오니 어머니는 흔들의자에 앉아 계셨다. 눈물에 젖은 눈이 반짝였다. 어머니는 팔을 내밀어 나를 당신의 무릎에 앉히더니 꼭 안고서 몇 번 흔들의자를 앞뒤로 흔들었다. 한참을 그렇게 하다가 나를 무릎에서 내려놓으며 말씀하셨다.

"우리 파티하자. 지금 뭐가 가장 하고 싶니?"

"벤슨 선생님이 보고 싶어요."

어머니는 고개를 끄떡이며 말씀하셨다.

"좋다. 그럼 함께 가자."

어머니는 내게 깨끗이 목욕을 하게 하고 주일에 입는 정장을 입히고는 당신도 깨끗한 옷으로 갈아입었다. 우리는 전차를 타고 시내에 갔다. 가게에서 값비싼 과일 바구니도 준비했다.

우리가 벤슨 선생님의 병실을 찾았을 때, 선생님은 붕대로 얼굴을 감고 침대에 앉아 있었다. 겨우 눈만 보였다. 양손도 모두 붕대를 감고 있었다. 어머니가 내게 과일 바구니를 건네주자 나는 그것을 선생님께 드렸다.

"저는 정말 담쟁이 잎에 독이 있는지 몰랐어요."

나는 목멘 소리로 말했다.

"선생님을 아프게 하려고 한 것이 아니었어요. 저는 정말 좋은 것을……."

나는 목이 메어 몇 번이나 침을 삼켰다. 내가 침대 옆에 서자 벤슨 선생님은 나를 유심히 쳐다보셨다. 어머니가 나를 변명하려고 무슨 말을 하려 하자 선생님은 가만히 어머니의 손을 잡으며 말을 막으셨다. 선생님은 내게서 눈을 떼지 않으셨다.

"내게 특별한 것을 주고 싶었다는 거지? 그렇지?"

나는 고개를 끄떡였다.

"아침마다 책상에 갖다 놓은 맛있는 사과나 복숭아나 다른 과일도 모두 네가 준 것이지?"

나는 다시 고개를 끄떡였다.

선생님이 말씀하셨다.

"이 붕대를 풀게 되면, 너를 힘껏 안아주마."

나는 선생님이 내게 화가 나지 않았다는 것을 알고서 너무 행복했다. 선생님은 계속해서 말씀하셨다.

"폴, 큰 비밀을 말해줄게. 나는 내년 봄에 결혼한단다. 아들을 낳으면 꼭 너처럼 키우고 싶어."

우리가 병원에서 나올 때, 선생님의 눈에 눈물이 흐르는 것을 어머니가 보았는지는 나도 잘 모르겠다.

안내를 부탁합니다

어린 시절 시애틀에 살 때, 우리 집은 동네에서 전화가 있는 몇 안 되는 집이었다. 나는 지금도 2층 계단 옆 벽 아래에 붙어 있던 윤이 나는 참나무로 만든 커다란 전화기를 또렷이 기억한다. 반짝이는 수화기는 전화기 바로 옆에 놓여 있었다. 캔 우드 3105였던 전화 번호까지 기억한다. 일곱 살이었던 나는 키가 작아서 전화기가 손에 닿지는 않았지만 어머니가 전화기에 대고 말씀하시는 게 신기해서 전화하는 내용을 듣곤 했다. 출장을 간 아버지에게 인사를 하라며 나를 번쩍 들어올려 안고는 내 귀에 수화기를 갖다대면 수화기에서 아버지의 목소리가 들렸다. 마술이었다.

이 신기한 상자 안에는 신비한 사람이 사는 것이 틀림없었다. 그녀의 이름은 '안내를 부탁합니다'였다. 그녀는 이 세상에서 가장 똑똑한 여자였다. 그녀는 모르는 것이 없었다. 어머니가 어떤 사람의 전화 번호를 물어도 그녀는 척척 대답해주었고, 우리 집

괘종시계가 고장이 났을 때도 정확한 시간을 알려주었다.

내가 처음으로 이 수화기 안에 사는 요정과 개인적인 친분을 맺게 된 것은 어머니가 이웃집에 가고 집에 안 계신 어느 날이었다. 지하실에서 혼자 연장통을 가지고 놀다가 그만 망치로 손가락을 찧었다. 너무 아팠지만 집에는 응석을 받아줄 사람이 아무도 없어서 울어봐야 소용이 없을 것 같았다. 화끈거리는 손가락을 입으로 빨면서 계단을 올라왔다. 그때 2층 계단 옆에 있던 전화기를 발견하고는 재빨리 응접실에서 발 받침대를 가져와 딛고 올라서서 전화기를 집었다. 수화기를 들고 귀에 대자 누군가의 목소리가 들렸다.

"몇 번 바꿔드릴까요?"

나는 전화기에 대고 말했다.

"안내를 부탁합니다."

한두 번 찰칵하는 연결음이 나더니 작지만 분명한 목소리가 들렸다.

"안내입니다."

나는 전화기에 대고 울음을 터뜨렸다.

"손가락을 다쳤어요. 아파요. 엉엉."

이제 누군가가 듣는다는 것을 알게 되자 눈물이 줄줄 흘러내렸다.

수화기에서 여성의 목소리가 물었다.

"집에 엄마 안 계시니?"

나는 훌쩍거리며 대답했다.

"나 말고는 아무도 없어요."

"피가 나니?"

"아니오. 망치로 손가락을 쳤는데, 그냥 아파요."

그녀가 물었다.

"냉장고를 열 수 있니?"

내가 할 수 있다고 하자, 그녀가 말했다.

"위칸에 있는 냉동실에서 얼음 조각 몇 개를 꺼내 손가락에 대고 있으면 아프지 않을 거야. 울지 말고. 곧 괜찮아질 거야."

그녀가 말대로 했더니 정말 아프지 않았다. 이렇게 하여 나는 '안내를 부탁합니다'를 존경하게 되었다. 그 후 내가 혼자서 알아낼 수 없는 일이 생기면 항상 그녀에게 전화를 걸었다. 그녀는 만능 해결사였다. 무엇이든 모르는 것이 없었다. 항상 인내심과 이해심을 가지고 내 질문에 대답해주었다. 나는 그녀에게 지리(地理)에 대해 물었다. 그녀는 필라델피아가 어디에 있는지, 내가 나중에 탐험을 하고 싶은 아름다운 오리노코 강이 어디에 있는지도 알려주었다. 그녀는 철자법도 가르쳐주고, 우리 집 고양이가 석탄을 담는 큰 통 안에서 새끼를 낳았을 때는 며칠 동안 가까이 가지 말라는 말도 일러주었다. 그녀는 내가 레버나 공원에서 잡은 다람쥐에게는 땅콩이나 밤 등 견과를 먹이라고 했다.

어느 날 나는 사랑하는 카나리아 패티가 죽어 있는 것을 발견했다. 나는 '안내를 부탁합니다'에게 전화를 걸어 슬픈 소식을 전해주었다. 그녀는 내 말을 귀 기울여 듣고 어른이 아이를 달랠 때 하는 일반적인 이야기를 들려주었다. 하지만 별 위로가 되지 않았다. 나는 그녀에게 아름다운 노래를 불러 우리를 기쁘게 해준 카나리아가 어느 날 갑자기 왜 날개를 퍼덕이다 새장 바닥에 쓰러져 죽어야 하는지를 물었다.

그녀는 내가 깊이 상심한 것을 알고는 다정히 말했다.

"폴, 그 새가 노래 부를 또 다른 세상이 있다는 것을 항상 기억해라."

그 말에 조금 기분이 나아졌다.

어느 날 나는 다시 전화로 안내를 불렀다. 친숙한 목소리가 들려왔다.

"안내입니다."

내가 물었다.

"'고정시키다'라는 단어의 철자가 어떻게 되지요?"

"'고정시키다'? 음…… f-i-x."

고맙다는 인사를 하려는데 갑자기 누나가 뒤에서 "야-아-

아!" 하며 비명 소리를 내면서 놀래주려고 달려들었다. 나는 전화기에 달린 수화기를 그대로 쥔 채 받침대에서 떨어졌다. 누나는 내가 놀라는 것을 보고 재밌어하다가 내가 여전히 전화기에서 떨어져 나간 수화기를 잡고 있는 것을 보자 소리를 질렀다.

"야, 그것을 잡고 있으면 어떻게 해? 전화선이 끊어졌잖아."

그 순간 내 실수로 '안내를 부탁합니다'를 잃어버렸다는 사실이 걱정되었다. 아무 소리도 들리지 않았다. '안내를 부탁합니다'는 이제 수화기 안에 없었다. 내가 수화기를 잡아당겨 전화기가 부셔졌을 때, '안내를 부탁합니다'가 다쳤는지 궁금했지만 알 수가 없었다. 누나는 어디론가 나가버렸고 나 혼자 계단에 앉아 울고 있는데 누군가 현관문을 두드렸다. 문을 열어보니 현관에 어떤 남자가 서 있었다. 그가 물었다.

"뭐가 잘못된 일이 있었니?"

나는 눈물을 흘리면서 고개를 끄떡였다.

그가 말했다.

"나는 전화를 수리하는 아저씨란다. 저 아래 동네에서 일하고 있는데 전화 교환 아줌마가 이 전화 번호에 문제가 생겼다고 알려주어서 왔단다."

그는 아직도 내 손에 들린 수화기를 잡으며 물었다.

"어떻게 된 거니?"

나는 조금 전에 일어났던 일을 이야기했다.

"잠깐이면 고칠 수 있다. 울지 말거라."

그가 전화기를 열자 여러 가닥의 선과 코일이 복잡한 미로처럼 얽혀 있었다. 그는 아주 능숙한 솜씨로 수화기에 달린 줄의 끝을 전화기 속에 있는 한 곳에 대고 만지작거려 스크루드라이버로 조여서 고정시켰다. 그는 고리를 몇 번 위아래로 움직이더니 전화기에 대고 말을 했다.

"여보세요. 저 피트입니다. 3105번 이제 정상입니다. 아, 이 집 꼬마의 누나가 꼬마를 놀래주려고 장난을 하다가 전화선이 끊어졌어요. 다시 고정시켰으니까 이제 됐어요. 수고하세요."

그는 웃음을 지으며 내 머리를 쓰다듬어주고 갔다.

동부로 이사 갈 때까지 나는 계속 '안내를 부탁합니다'에게 필요할 때마다 전화를 걸었고 그녀는 늘 친절하고 상냥하게 대답해주었다. 나는 새로 이사 가는 집의 전화기 안에 그녀가 없을 거라는 생각은 하지 못했기에 그녀에게 작별 인사도 못 했다. 이사를 하고 며칠 지나서 짐이 다 정리되고, 어머니가 거실 소파에 앉아 테이블 위에 있는 검은 물건을 들고 말을 하기 시작했을 때의 실망은 이만저만 큰 게 아니었다. 어머니의 말씀이 끝나자 그게 뭐냐고 물었다.

"새 전화기란다."

나는 공포에 질려 그 물건을 쳐다보았다. '안내를 부탁합니다'는 이런 무슨 뼈다귀같이 생긴 검고 흉측한 물건 속에 있을 수가 없었다. 이제 더는 전에 살던 집 벽에 걸려 반짝반짝 빛나던, 참나무 통으로 만들어진 전화기는 없었다. 그 옆에 있던 예쁜 수화기도 더는 볼 수 없었다. 내 귀에 속삭이던 작고 부드러운 목소리도 사라졌다. 나는 큰 배신감을 느꼈다. 내 질문에 답을 해주던 '안내를 부탁합니다'에게 이제 다시는 어떤 부탁도 할 수 없었다. 새 전화기를 사용하고 싶지 않았다. 내 삶에서 아주 소중한 것을 뺏어가버렸으니 새 전화기는 이제 친구가 아니라 적이었다. 나는 새 전화기가 미웠다. 화가 나서 손으로 새 전화기를 밀었다. 탁자에서 미끄러져 기울어지더니 바닥에 나뒹굴었다. 나는 그것을 바닥에 그대로 둔 채 나가버렸다.

십대가 되어서야 전화기의 작동 원리를 알게 되었다. '안내를 부탁합니다'는 점점 기억에서 희미해졌지만 완전히 사라질 수는 없었다. 어떤 것에 대해 의심이 들고 불확실할 때면 불현듯 '안내를 부탁합니다'가 생각났다. 내가 모르는 것은 무엇이든지 답을 해주는 요정이 존재할 때 느꼈던 안도감이 이제 아련한 추억이 되었다. 새 전화국의 안내 제도는 더는 질문에 답을 해주지 않았다. 전화를 해서 안내를 찾으면 대개는 "미안하지만 우리는 그런 정보를 가지고 있지 않습니다"라고 대답했다. 나는 캔 우드의 '안내를 부탁합니다'가 끝없이 질문을 던지는 꼬마에게 얼마나 큰 인내심과 이해심으로 친절하게 대답해주었는지를 깨닫게 되자 가슴 벅찬 깊은 감사를 느꼈다.

결혼한 누나는 다시 옛날 시애틀에서 우리가 살던 캔 우드 가까운 동네에 살게 되었다. 나는 대학에 입학하기 전에 시애틀에 사는 누나를 며칠 동안 방문하기로 했다. 누나가 사는 동네의 전화국도 캔 우드에 있었다. 어느 날 오후 별 생각 없이 누나의 전화기를 들자 수화기에서 "몇 번을 바꿔드릴까요?"라는 소리가 들렸다. 나는 무의식적으로 대답했다.

"안내를 부탁합니다."

한두 번 찰칵거리는 소리가 들리고 이어서 목소리가 들렸다.

"안내입니다."

그 한마디에 마치 타임머신을 탄 듯 나는 어린 시절로 되돌아갔다. 그 목소리는 전혀 변하지 않았다. 시간의 간격이 전혀 없었고 공간도 어린 시절 내가 살던 동네 그대로인 것처럼 나는 그 목소리를 알아들었다. 내가 물었다.

"'고정시키다'라는 단어의 철자가 어떻게 되지요?"

나는 급히 숨을 들이쉬다가 멈추는 소리를 들었다. 한동안 침묵이 흘렀다. 이어서 목소리가 들려왔다.

"이제 손가락은 안 아프지?"

내가 물었다.

"부인 성함이 어떻게 되세요? 만나고 싶습니다."

"나는 존슨 부인이고 원래 이름은 샐리지만 사람들은 나를 델신이라고 불러. 여기 직장 사람들 말고 옛날 친구들 말이야."

그녀는 잠깐 숨을 멈추었다가 말했다.

"너도 내 친구들처럼 델신이라고 불러주면 좋겠어."

내가 물었다.

"왜요?"

그녀는 말했다.

"나도 너를 만나고 싶어. 만나서 얼굴을 보면서 그 이유를 말해줄게."

내가 물었다.

"오늘 저녁 식사는 어떠세요? 남편 존슨 씨도 시간이 괜찮으면 함께 오세요."

그녀는 조용히 말했다.

"존슨 씨는 몇 년 전에 돌아가셨어."

그녀는 다시 명랑한 목소리로 말했다.

"그래. 함께 저녁 먹자. 나는 6시면 퇴근해."

"어디에서 만날까요?"

"우리 집에서 저녁을 먹으면 어떨까? 식당에 가는 것보다 편할 거야. 오리노코 강에 대해서도 듣고."

그녀는 내게 자기 집 주소를 알려주었다. 오래전에 우리가 살던 집과 같은 동네였다.

"존슨 부인, 조금 후에 다시 전화 드릴게요."

그 목소리에게 '안내를 부탁합니다'라고 부르지 않고 다른 이름으로 부르는 것이 이상했다. 나는 존슨 부인과 전화를 끊고 여행사에 전화를 해서 다음날 같은 시간으로 비행기 시간을 변경했다. 다시 존슨 부인에게 전화를 걸어 만날 약속을 했다. 나는 큰 파티에 초대받은 것처럼 흥분되어 그날 오후 내내 들떠서 외출 준비를 했다. 누나는 내가 차려 입은 모습을 보더니 놀랐다.

"어머나! 너, 여기 여자 친구 있었니? 도대체 누군데 그렇게 차려 입었니?"

나는 잠시 누나 캐럴을 바라보았다.

"누나, 맞아. 여자 친구와 데이트하러 가."

존슨 부인의 집은 아담하지만 바깥 정원이 잘 가꾸어졌다. 나는 이상한 기분으로 벨을 눌렀다. 괜히 방문하는 것은 아닌가 하는 생각도 잠시 들었다. 그때 문이 열렸다. 나는 '안내를 부탁합니다'의 얼굴을 바라보았다.

그녀는 내가 생각했던 것보다 젊어보였다. 오십대 후반의 백발에 눈에는 주름이 많았다. 눈가의 주름은 많이 웃으며 살아온 해학의 훈장이리라. 그녀는 지금도 웃고 있고 촉촉하게 젖은 갈색 눈은 빛났다. 그녀가 말했다.

"어서 와. 어서 들어 와."

그녀는 나를 거실로 데리고 갔다. 거실 한가운데 나를 잠시 세워놓고 자기는 작은 의자에 앉아서 나를 똑바로 쳐다보았다.

"자, 얼굴을 제대로 보자."

그녀가 말했다.

"와! 잘생긴 청년이 되었네."

그러고는 약간 슬픈 표정으로 말했다.

"그런데 내가 생각했던 모습이 아닌걸."

내가 물었다.

"제가 어떤 모습일 거라고 생각하셨는데요?"

그녀는 하하 웃으면서 말했다.

"글쎄, 그리스 신들 중 하나인 아폴로 신으로 생각했지."

우리는 함께 웃었다.

나는 거실을 둘러보았다. 서가에는 책들이 잘 정돈되어 꽂혀 있었다. 존슨 부인이 내 옆에 서더니 서가 한쪽에 놓인 책들을 가리키며 말했다.

"이 책이 내 아폴로 신을 지키는 델포이 신전 군사들이었지."

내가 물었다.

"세상에, 델포이 신전의 군사들이라니 무슨 말이에요?"

"바로 너와 연관된 거란다. 또 하나의 내 이름이 된 델신도 거기서 붙여졌지."

내가 그녀를 바라보자 그녀는 말했다.

"자, 저녁 준비가 되었으니 식사하면서 이야기하자."

소박하지만 정성스레 차린 음식은 아주 맛있었다. 내가 요리 솜씨가 정말 훌륭하다고 하자 그녀가 자랑스러운 듯이 말했다.

"남편 월터도 내가 만든 요리를 아주 좋아했지."

그녀가 조용히 이야기를 계속했다.

"무슨 이유인지 모르지만 월터와 나 사이엔 아기가 없었단다. 그래서 네가 전화를 걸기 시작했을 때 마치 내 아이 대신인 것 같았어. 나는 늘 네가 다시 전화 걸기를 기다렸단다. 그런데 말이야."

그녀는 이야기를 멈추고 내게 물었다.

"너는 '고정시키다'라는 단어의 철자가 어떻게 된다고 생각했었니?"

내가 대답했다.

"F-i-c-s, 아니면, f-i-k-s, 아니면, f-i-c-k-s. 정확히 기억은 못하지만 제게 x는 이상한 철자였어요."

그녀가 말했다.

"내 생각이 맞았구나. 어쨌든 너는 나를 참 끈기 있게 만들곤 했지. 나는 항상 월터와 저녁 식탁에서 네가 던진 질문에 대해 이야기를 했어. 그는 네가 던진 질문을 듣고는 한바탕 크게 웃고 나를 놀렸지. 내가 델포이 신전 아폴로 신의 수호자가 되었다고.

그러더니 줄여서 나를 델신이라고 부르기 시작한 거야. 처음에는 장난으로 부르다가 아예 내 이름이 되어버렸지."

그녀가 회상에 잠긴 듯 잠시 말을 멈추더니 이어서 이야기를 들려주었다.

"그때 나는 네가 만일 내가 모르는 걸 물으면 어떻게 할까 하는 두려움이 있었어. 그래서 네가 주로 묻는 질문에 관한 책들을 모으기 시작했지. 지리, 자연, 동물 등등. 내가 다른 책을 사 올 때마다 월터는 나를 놀렸단다. '당신 신전의 서가에 군사가 하나 더 추가되는군.' 그렇게 하여 델포이의 신전에 여러 군사들로 이루어진 책들이 마련된 거야."

우리는 아주 즐거운 저녁 시간을 보냈다. 그녀가 내게 물었다.

"그때 죽은 카나리아 패티는 어떻게 되었니?"

"아버지의 시가 상자에 넣어 체리나무 아래에 묻어주었어요. 돌로 작은 비석도 하나 세워주었고요."

내가 떠나기 전에 말했다.

"저는 내일 떠나요. 하지만 학기가 끝나면 다시 돌아올 거예요. 그때 전화해도 괜찮지요?"

그녀가 웃으며 대답했다.

"캔 우드에 있는 아무 전화기나 들고, '안내를 부탁합니다'를 찾으면 돼. 나는 주로 오후에 일해."

몇 달 후 나는 다시 시애틀에 돌아왔고, 제일 먼저 '안내를 부탁합니다'에게 전화를 걸었다. 이번에는 낯선 목소리가 들려왔다. 나는 샐리 존슨 부인을 찾는다고 했다.

그 목소리가 물었다.

"샐리의 친구입니까?"

"오랜 친굽니다. 폴 빌리어드라고 전해주세요."

그 목소리가 말했다.

"미안합니다. 샐리는 5주 전에 세상을 떠났어요. 잠깐만요, 혹시 폴이라고 하셨나요?"

"예. 제가 폴입니다."

"샐리가 마지막 출근하던 날 당신에게 전해줄 메모를 남겼어요. 여기 당신이 다시 전화를 걸면 읽어주라고 한 메모지가 있답니다."

나는 거기 어떤 말이 적혔을지 짐작했지만 모른 척 물었다.

"뭐라고 씌어 있는데요?"

"아, 제가 읽어드리지요. '폴에게 말해줘요. 나에게는 아직도 노래를 부를 또 하나의 세상이 있다고. 그러면 폴이 무슨 뜻인지 알 거예요.'"

나는 그 목소리에게 감사하다고 인사를 하고 전화를 끊었다. 나는 물론 '안내를 부탁합니다'가 남긴 말이 무슨 뜻인지 안다.

크리스마스 선물

어린 내게 형의 물건은 성스러울 만큼 관심의 표적이 되었다. 형은 내가 찾을 수 없는 곳에 자기 물건들을 감추느라고 많은 시간을 허비했지만, 나는 늘 귀신같이 찾아냈다. 아주 귀한 물건이 생기면 프레드 형은 그것을 몰래 자기 방 깊숙한 곳에 감추어놓았다. 무엇이든 알고 싶은 호기심으로 가득 찬 내가 자기 물건에 손대지 못하게 하려고 형은 늘 노심초사했다. 형은 나보다 여덟 살이나 많았다. 어린 내 눈에 형의 물건은 모두 어른들의 물건이었고, 선망의 대상이었다. 그 물건은 늘 형과 갈등을 일으키는 요인이 되었다.

형은 평일 방과 후와 토요일에 햄필 씨의 약국에서 배달과 잡다한 심부름을 하는 아르바이트를 했다. 형은 자신이 배달하는 어떤 신비한 물건에 대해 그것이 무엇인지 알고 싶어 안달했다. 수요일 오후마다 햄필 씨는 아이스크림 한 덩어리를 싸서 아무도 보는 사람이 없을 때, 계산대 뒤에 있는 약장 서랍에서 작고 납작한 봉지를 꺼내 작은 종이 봉투에 담았다. 그리고 그것을 아이스크림을 싼 봉지와 함께 큰 종이 봉투에 넣고, 형에게 배달할 물품이 뒤섞이지 않게 단단히 주의를 주고는 어떤 주소로 배달을 시켰다. 그런데 이상한 것은 초인종을 눌렀을 때 여자가 나오면 물건을 건네면서 이미 계산이 되었다고 하고, 남자가 나오면 돈을 받아오라는 것이었다.

그것은 추리 소설을 방불케 할 만큼 형의 호기심을 자극했다. 결국 어느 날 오후, 햄필 씨가 처방전에 따라 약을 조제하는 동안 형은 몰래 그 약장 서랍을 열어보았다. 기대했던 특별한 것은 없고 작고 납작한 봉지만 가득했다. 하나쯤 없어져도 눈치 채지 못 할 것 같아서 형은 하나를 슬쩍 자기 주머니에 넣었다.

매주 수요일은 어머니가 교회 부인들과 모임을 갖는 날이었다. 어머니는 교회 성경 낭독자 중의 한 사람이었다. 교회를 운영하는 부인들은 매주 수요일 저녁에 우리 집 응접실에서 다과를 나누며 교회 운영에 관해 의논하고 일요일 성경 낭독을 준비했다.

그날 저녁, 일을 마치고 돌아온 형은 바로 2층의 자기 방으로 올라갔다. 나는 형의 방 바로 아래에 있는 거실 창문에 앉아 있었다. 2층 형의 방에서 들리는 소리에 나는 직감적으로 형이 무엇을 감추고 있다는 것을 알았다. 형은 그것을 장롱 서랍 바닥에 두는 것이 틀림없었다. 형이 아래층 거실로 내려오자 잠시 후 나는 내 방에 가는 척하면서 살짝 형의 방에 가서 장롱 서랍에 있는 봉투의 내용물을 조심스럽게 살펴보았다.
풍선이었다! 풍선이 한 다발이나 들어 있었다. 구두쇠 형다웠다. 풍선이 이렇게 많으면서도 숨겨놓다니! 봉투 안에 여러 개가 있으니 하나 슬쩍 한다고 형이 알 리가 없다고 생각한 나는 하나를 집어 주머니에 넣고 얼른 내 방에 가서 감추어두었다.
저녁 식사 후에 나는 어머니를 도와 과자 접시, 티스푼 등을 꺼내 응접실에 갖다 놓았다. 찻주전자에서 물이 끓었고, 형은 혼자 밖으로 나갔다. 교회의 부인들이 도착하자 거실에서 쫓겨난 나는 2층에 올라가면서 감추어둔 보물을 생각해냈다. 혼자 중얼거렸다.
"풍선! 그래, 풍선을 가지고 놀자!"
아주 멋진 풍선이었다. 있는 힘껏 풍선을 불었더니 금방 축구공만 해졌다. 나는 공중으로 풍선을 툭툭 튀기면서 놀았다. 몇 번 풍선을 튀기자 풍선은 둥둥 뜨면서 2층 난간 벽에 부딪히면서 제멋대로 움직였다. 풍선을 잡으려고 했지만 계속 벽을 맞고 튕겨서 층계를 타고 내려가 아래층의 응접실로 날아갔다.
나는 풍선을 잡으려고 층계 난간을 타고 미끄러져 내려와 슬그머니 응접실로 들어갔다. 풍선이 응접실로 날아들어온 것을 본 교회 부인 한 사람이 그것을 잡아서 환한 웃음을 지으며 내게 건네주었다.

"자, 여기 있다. 오! 아주 멋진 풍서어……."

갑자기 그녀의 말꼬리가 가늘어지더니 입을 다물었다. 나머지 부인들도 모두 놀라면서도 재미있는 표정이 되어 얼굴에 웃음이 떠올랐지만 어머니는 경악했다. 풍선 위에는 둥그렇게 퍼져 커진 큰 글씨가 파란색으로 선명하게 씌어 있었다.

'성-병 예-방-용'

충격받은 목소리로 어머니가 소리쳤다.

"폴!"

나는 무슨 말을 해야 할지 몰라 그냥 서 있었다.

바로 그 극적인 순간에 형 프레드가 문을 열고 들어왔다. 형은 한눈에 무슨 상황이 벌어졌는지 알아챘다. 이번에는 형이 소리쳤다.

"폴! 너 또 내 물건에 손을 댔구나!"

이제 그 물건이 형의 것으로 밝혀졌고, 형은 지니지 않아야 할 물건을 지닌 이유를 변명하려고 불쑥 말했다.

"크리스마스를 위해 준비해둔 거예요."

형에게 혼날까 봐 살짝 현관문을 빠져 나오는데 어머니가 화를 삭이는 목소리로 외치는 소리를 들었다.

"뭐라고? 그것을 크리스마스 선물로 준비했다고?"

친구

우리 옆집에 한 가족이 새로 이사를 왔다. 나는 현관 앞마당에 있는 그네 의자에 앉아서 트럭에서 이삿짐 내리는 것을 바라보고 있었다. 트럭이 짐을 다 내려놓고 떠나자 한 꼬마가 밖으로 나오더니 동네 거리를 훑어보았다. 일곱 살이나 여덟 살 정도 되는 내 또래였다. 그는 천천히 걸어서 우리 집 가까이 오더니 현관 앞에 있는 나를 살펴보았다. 대문 앞에 멈춰서 문턱에 발을 올려놓고 아무 말 없이 한참 동안 나를 쳐다보았다. 나도 그네 의자에 앉은 채 아무 말 없이 그를 쳐다보았다.

그가 먼저 아주 서툰 영어로 말했다.

"아녕?"

나는 마지못해 시큰둥하게 말했다.

"안녕?"

나는 그네를 조금 더 세게 흔들었다. 나는 계속 고개를 앞뒤로 흔들며 그 녀석을 째려보았다. 마침내 나는 그네를 세우고 일어나 천천히 대문을 향해 걸어갔다. 그리고 녀석의 발과 엇갈리게 내 발을 문턱에 올려놓았다. 우리는 대문을 사이에 두고 그렇게 마주 섰다. 불과 몇 센티미터를 사이에 두고 말없이 서로 얼굴을 쳐다보았다. 내가 먼저 물었다.

"너, 이름이 뭐냐?"

"맨프레드 그로팬바흐."

나는 소리를 질렀다.

"맨프레드 그로팬바흐라고? 맨프레드 그로팬바흐라니, 무슨 이름이 그래?"

녀석이 방어하듯이 말했다.

"조흔 이름이야."

나는 비웃듯이 중얼거렸다.

"조흔 이름, 좋아하네."

내가 녀석의 가슴을 밀었다. 그는 힘없이 길가에 주저앉았다.

나는 대문을 열고 나가서 그를 내려다보며 주먹을 쥐고 말했다.

"한판 붙을까?"

녀석은 앉은 채로 나를 올려다보며 물었다.

"네 이름은?"

"싸우고 싶은 게 아니라면 왜 남의 집 대문에 발을 걸치고 있어?"

"나는 쌔우고 싶지 않고, 너랑 칭구하고 싶다."

나는 소리쳤다.

"이 자식 봐라. 우리 아빠처럼 말하네."

나는 녀석에게 달려들었다. 우리는 길가 잔디밭에 나뒹굴며 엉겨 붙었다. 나는 녀석에게 주먹을 연타했고, 녀석은 별로 내키지 않는 듯이 반격했다. 진짜 싸움이라고도 할 수 없을 만큼 일방적이었고, 너무 쉽게 내가 승자로 판명이 나자, 우리는 함께 일어났다. 그리고 서로 옷에 묻은 먼지를 털어주었다.

나는 그에게 머리로 현관을 가리키며 말했다.

"나는 폴이야. 여기 살아."

녀석이 대답했다.

"알아."

나는 승자의 아량으로 그의 어깨에 팔을 두르며 말했다.

"현관으로 올라와서 이 그네 의자에 앉아봐."

우리는 나란히 그네 의자에 앉아 이야기를 하면서 친해지려고 했다.

그가 물었다.

"너의 아빠 독길인이니?"

내가 대답했다.

"아빤 알자스인이야. 아빠도 너처럼 말하지만 너만큼 말을 못하진 않아. 어쩜 그렇게 영어를 못 하니? 너도 알자스인이냐?"

그는 어깨를 으쓱하면서 말했다.

"나는 독길인이야. 이제 여기서 핵교에 다닐 거야. 두고 봐. 영어 잘할 테니까."

그의 머리카락은 불타는 것처럼 붉었고, 얼굴은 주근깨투성이었다.

맨프레드의 말이 맞았다. 그는 나와 같은 반이 되었고 얼마 지나지 않아서 우리 반에서 제일 공부를 잘했다. 몇 주 지나자 그의 영어 발음은 나보다도 더 분명하고 정확한 것 같았다. 우리는 곧 친한 친구가 되었다. 그렇지만 매일 아침 같이 학교에 갈 때마다 나는 그를 주먹으로 몇 대 치면서 녀석보다 세다는 것을 확인시켜주었다.

나는 사실 그렇게 싸움을 잘하지도 못했고, 주먹도 별로 세지 않았다. 원래 싸움을 좋아하지 않아서 싸움이 일어날 상황이면 그냥 슬쩍 피해버리는데 왠지 모르게 맨프레드만은 내게 굴복시키고 싶었다. 나는 이런 감정에 대해 별 생각이 없었고 그냥 이유 없이 가끔 녀석을 때려주었다. 내가 때리면 그는 마지못해 겨우 반격하는 시늉만 할 뿐, 내가 자기를 때리는 것에 대해 별 불평이 없었고 아무 일 없다는 듯이 나와 어울렸다.

그와 지내는 동안 그에 대해 많은 것을 알게 되었다. 그의 아버지는 푸줏간 주인이었다. 그는 유럽에 전쟁이 일어나기 전, 맨프레드가 아기였을 때 가족을 독일에 남겨두고 돈을 벌려고 혼자 미국에 왔다. 가족을 부양할 수 있을 만큼 돈을 번 후에 가족을 데려올 생각이었다. 그래서 나중에 미국에 오면 바로 학교에 다닐 수 있게 미리 어린 맨프레드에게 영어를 배우게 했다. 그런데 몇 년 지나지 않아서 유럽의 상황이 급격하게 나빠졌다.

마침내 유럽에 전쟁이 터졌고 맨프레드의 아버지는 백방으로 노력한 끝에 가족을 미국으로 데려왔다. 그들 가족은 뉴욕 허드슨 강을 따라 북쪽에 위치한 프킵시라는 마을에 정착했다. 맨프레드는 학교에 갈 나이가 되었지만 그곳에서는 학교에 다니지 않았다. 그와 그의 어머니가 미국에 도착한 지 얼마 되지 않아서 미국이 독일의 전쟁에 참전하게 되었다. 그런 까닭에 독일인에 대한 미국인들의 적대 감정이 고조되었고, 독일인들은 실제는 그렇지 않지만 잠정적인 스파이로 의심을 받았다. 특히 아이들은 학교에 가면 독일인이라고 집단 따돌림을 당해 그로팬바흐 씨는 아들을 학교에 보내지 않았다.

전쟁의 상황이 점점 나빠지자 그로팬바흐 씨는 일하는 것도 힘들어졌고, 물건을 사러 가게에 가면 사람들에게 위협적인 말을 듣기 일쑤였다. 서부는 독일인에 대한 적대 감정이 훨씬 덜하다는 누군가의 말을 듣고 그는 가족을 이끌고 이곳 시애틀까지 이사를 왔고 우리의 이웃이 되었다.

처음 얼마 동안은 모든 것이 다 괜찮았다. 맨프레드도 학교에 잘 적응했고 친구들도 사귀었다. 그의 아버지도 상당히 괜찮은

보수를 받으며 일했다. 그의 엄마도 일주일에 며칠은 일하러 다녔다. 그의 부모님은 가끔 우리 집 현관 앞에 앉아 우리 부모님과 함께 담소를 나누며 저녁 시간을 보내기도 했다.

그가 가끔 내게 얻어터지는 것을 감수하면서 우리는 한 2년 동안 친구로 가깝게 지냈다. 그리고 2년이 지난 어느 여름, 그는 여름 캠프를 떠났고 나는 집에서 혼자 여름을 지냈다. 여름 방학이 거의 끝날 때쯤 맨프레드가 캠프에서 돌아왔다. 캠프에서 돌아온 바로 그날, 저녁을 먹고 난 후에 그가 우리 집 대문을 두드렸다.

"야, 폴, 좀 나와 봐. 네게 보여줄 게 있어."

내가 모자를 쓰고 나왔을 때, 그는 우리 집 현관의 그네 의자에 앉아 있었다.

내가 물었다.

"뭔데?"

"저 뒷골목에 있어."

우리는 집을 돌아 뒷골목으로 나란히 걸어갔다. 뒷마당으로 해서 뒷골목에 이르렀을 때, 그에게 얼굴을 돌리며 물었다.

"그게 뭔데?"

맨프레드가 말했다.

"이거."

그가 주먹으로 내 얼굴을 쳤고, 나는 바닥에 나뒹굴었다. 머리가 빙빙 도는 것 같았다. 일어서려는데 두 번째 주먹이 날아왔고 다시 한번 나뒹굴었다. 그가 천천히 내 발 앞에 와서 내려다보며 말했다.

"너에게 보여주고 싶었던 게 바로 이거야."

나는 일어나 그에게 덤비려고 했지만 다시 주먹으로 얻어맞고 주저앉았다. 앞니가 부러진 것 같았다.

나는 소리를 질렀다.

"아니, 너 어디서 그렇게 치는 것을 배웠냐?"

그가 내게 손을 내밀며 말했다.

"여름 캠프에서."

내가 그의 손을 잡자 그는 다시 주먹으로 내 배를 가격하여 무릎을 꿇게 만들었다. 숨이 막히는 것 같았다. 우리는 서로 주먹질과 발길질을 했지만 나는 제대로 주먹을 뻗어보지도 못했다. 나는 무릎을 꿇는 정도가 아니라 아예 바닥에 쭉 뻗어버렸다. 한참을 누워 있다가 겨우 그의 손을 잡고 비틀거리며 일어났다.

"야, 이 정도면 되지 않았냐?"

나는 애원하듯이 속삭였다.

맨프레드가 말했다.

"너는 되었는지 모르겠지만, 나는 아직 멀었다. 앞으로도 갚아야 할 것이 많이 남았어."

그날 저녁의 패배는 내 뇌리에서 영원히 지워지지 않았다. 맨프레드가 나를 칠 때, 어떤 적대감이나 미움이 있었던 것은 아니었다. 그는 단지 생각한 것을 철저하게 계산하여 효과적으로 행동한 것뿐이었다. 그의 부축 없이는 서 있지도 못할 만큼 완전히 뻗은 다음에야 그는 때리는 것을 멈췄다. 나는 발을 땅에 질질 끌면서 그에게 업히다시피 해서 집으로 돌아왔다. 우리가 들어올 때, 그의 부모님과 우리 부모님은 함께 현관에 앉아 있었다. 맨프레드는 숨을 헐떡이며 중얼거렸다.

"아, 힘들다."

어머니는 우리를 보고 달려와서 내 상태를 살피더니 비명을 질렀다.

"누가 이 지경으로 만들었냐?"

나는 망설이지 않고 말했다.

"대단한 녀석에게 당했어."

거짓말이 아니었다. 이어서 말했다.

"맨프레드가 나를 도와주어서 겨우 집에 올 수 있었어."

그것도 거짓말이 아니었다.

맨프레드가 말했다.

"내가 너, 씻는 걸 도와줄게."

우리는 함께 2층 샤워실로 갔다. 내가 찬물로 옷을 적셔 상처 난 얼굴을 가볍게 토닥거리는 동안 그는 내 옆에 서 있었다. 나는 눈을 뜨기도 힘들었다. 양쪽 눈두덩은 혹이 난 것처럼 부었고 푸르고 거무칙칙한 피멍이 들었다. 얼굴과 머리에 난 상처에 피가 말라붙었다. 앞니가 금방 빠질 듯이 흔들거렸다.

맨프레드가 조용히 말했다.

"고맙다. 친구야."

나는 겨우 눈을 뜨고 그를 쳐다보았다. 나는 흔들거리는 이 사이로 중얼거렸다.

"너, 정말 굉장했어."

그가 말했다.

"이제 진짜 친구가 된 거야. 이제 더는 안 싸울 거지?"

나는 손을 내밀었고, 우리는 악수를 했다. 나는 말하는 것도 너무 고통스러워서 그냥 고개를 끄떡였다. 맨프레드는 비로소 웃기 시작했다.

"너, 꼴좋다. 정말 웃겨."

나도 내 모습이 그럴 거라고 생각은 했지만 웃을 기분은 아니었다.

그로팬바흐 씨네 가족을 생각할 때 떠오르는 마지막 장면은 아직도 기억에 생생하다. 그로팬바흐 부인이 우리 집 부엌에서 다림질을 할 때였다. 그녀가 어머니를 위해 대가를 받고 그 일을 했는지 이웃으로서 그냥 해주었는지는 잘 모르겠다. 그녀는 다리미 불의 연료로 쓸 난로 바로 뒤에서 다림질을 했다.

서부 사람들도 점차 독일인에게 의심의 눈초리를 보내기 시작하자 그로팬바흐 씨네 가족은 모두 예민해졌다. 전쟁은 점점 더 치열해졌고, 설상가상으로 유행성 독감이 전국으로 퍼져서 많은 사람들이 죽어갔다. 입과 코를 보호하는 마스크를 쓰지 않고 길을 다니는 것이 금지되었다.

우리 집은 항상 나무뿌리의 즙을 발효시켜 만든 청량 음료 루트-비어를 여러 병 만들어서 코르크 마개로 단단히 막아 부엌 선반 위에 나란히 두었다. 따뜻한 온도에서 적당하게 발효시키기 위해서였다.

그로팬바흐 부인이 바쁘게 다림질 일을 할 때, 루트-비어 병 하나가 심하게 발효되어 가스가 코르크 마개를 밀어내면서 터졌다. 그 코르크 마개가 천 마리의 뱀이 내는 듯한 쉰 소리를 내며 날아가더니 하필이면 그로팬바흐 부인의 등 가운데를 정통으로 맞혔다.

1백 미터 밖에서도 들을 수 있는 비명 소리를 지르면서 그로팬바흐 부인은 손에 들었던 다리미를 공중으로 내던진 채 그대로 바닥에 쓰러졌다. 아예 얼굴을 바닥에 깔고 쭉 뻗어버렸다. 루트-비어 병이 날아와 난로가 엎어지고 온 바닥이 숯덩이들로 범벅이 되었다. 나는 놀라서 울면서 안으로 들어오고, 2층에서 침대를 정리하던 어머니는 부엌으로 뛰어내려 오셨다. 그로팬바호 부인은 기절하여 의식을 잃었다. 코는 납작하게 뭉그러졌고 얼굴은 피범벅이 되었다. 우리는 그녀를 끌다시피 하여 겨우 거실 소파에 뉘었다. 어머니는 의사를 불렀고 달려온 의사가 코를 치료하고 지지대로 고정시켰다.

그녀는 정신이 돌아오자 누군가가 뒷마당에서 쏜 총에 자기가 맞았다고 했다. 우리는 일어난 상황을 자세하게 설명했지만 그녀는 여전히 공포에 질려 있었다. 그날 밤 그녀는 무서워서 우리 집에서 잤다. 내 방을 그녀에게 내주고 나는 거실 소파에서 잤다. 그녀는 다음날 우리 집을 떠났지만 며칠 지나지 않아서 그들 가족은 어디론가 이사를 떠났다. 그 후 다시는 그들을 보지 못했다.

방화범

레버나 공원은 아주 큰 공원은 아니다. 공원 옆으로는 약 4백 50미터쯤 되는 전차 선로가 나 있다. 협곡 때문에 레버나(영어로 협곡이 ravine이다)라는 이름이 붙었겠지만 협곡은 그리 깊지 않았다. 그러나 어린 내게 그 협곡은 마치 그랜드캐니언처럼 보였다. 우리가 살던 집 옆의 길을 따라가면 협곡을 가로지르는 강철로 만든 아치 모양 다리가 있었다. 이 다리의 난간에서 아래로 내려다보면 협곡은 깊이가 1킬로미터도 더 되는 것 같았다.

협곡 아래로 시냇물이 흐르고 시냇가를 따라 둑이 있었다. 나는 그 둑 위에 앉아 물 속의 가재나 도롱뇽이나 작은 물고기들을 바라보며 시간을 보내곤 했다. 공원 안은 자연 상태 그대로 보존되어 걷기에 좋은 곳은 아니었다. 옛날 인디언들이 만들어놓은 길이 공원을 통과하는 유일한 길이었는데 사람들이 거의 다니지 않아서 잡초가 무성했다. 협곡 가장자리에 있는 둥근 공터가 공원으로 들어가는 지름길이었다. 그곳은 옛날 인디언들의 천막이

나 마을이 있던 곳이었다. 공터에는 아직도 인디언들이 사용했던 통나무 집터의 흔적이 남아 있었다.

내게 레버나 공원은 놀이터이자 자연 학습장이었다. 나는 이곳 오레곤 포도나무 밑에 도마뱀 집이 있다는 것을 알았다. 나는 도마뱀이 다니는 길을 함부로 밟지 않고 도마뱀에게 가까이 접근하는 법과, 도마뱀에게 물리지 않고 잡는 법도 배웠다. 도마뱀이 야생열매 나무가 많은 곳에 산다는 사실도 알게 되었다. 수많은 곤충들이 사는 모습을 보면서 그들에 대해서도 알게 되었다. 내가 자연에 대해 호기심을 갖고 일생 동안 자연과 더불어 살게 된 것도 모두 레버나 공원 덕분이다.

레버나 공원에는 아주 큰 소나무와 삼나무들이 많았다. 나는 자주 그 나무에 올라가서 어떤 생명체들이 사는지 보았다. 처음에는 나뭇가지는 높고 내 팔은 짧아서 딛고 올라가기가 힘들었지만 일단 첫 가지를 타고 올라가면 그 다음에는 가지들이 무성해서 올라가기가 쉬웠다. 큰 가지에 올라가 앉으면, 나무가 마치 하나의 작은 도시와 같다는 것을 알게 된다. 셀 수 없이 많은 다람쥐와 다양한 종류의 새들이 보금자리를 펼쳐놓았는가 하면, 곤충은 그 종류를 다 헤아릴 수 없을 만큼 많다. 그리고 어떤 생물이 얼마나 더 있는지 누가 알겠는가?

나는 레버나 공원에서 자주 캠핑을 했다. 내가 말하는 캠핑은 샌드위치 한두 개와 사과 한 알과 체리 등을 가지고 공원에 가서 음식을 먹으며 머무는 것이다. 한번은 감자와 성냥을 가지고 캠핑을 갔다. 점심으로 감자를 구워먹을 생각이었다. 감자를 구워먹는 일은 뒷마당에 있는 안전한 그릴 위가 아니면 당연히 금지된 일이었다. 성냥을 가지고 공원에 들어가는 것조차 금지 사항이었다. 나는 들키지 않고 공원 깊숙이 들어가서 이곳저곳을 탐험했다. 시냇가를 따라 천천히 걷다가 멈춰 서서 가재가 바위 틈새를 달려 안식처에 숨는 것도 보았고, 작은 송사리 떼가 빠르게 움직이다가 작은 몸짓으로 천천히 몸을 움직이는 것도 보았다. 내가 다가가면 동물들은 먹이를 바닥에 남겨둔 채 재빠르게 숲속에 숨었다가, 내가 한동안 움직이지 않고 가만히 있으면 다시 돌아와서 그들의 축제를 계속한다는 것도 알게 되었다.

시냇가를 따라 걷다가 벼락 맞아 죽은 나무 등걸을 발견하고는 거기가 불을 지피기 좋은 장소라고 생각했다. 나는 마른 잎과 작은 나뭇가지와 나무 껍질을 모아다가 죽은 나무 등걸 아래에서 불을 지폈다. 불이 다 타고 숯이 되었을 때 그 속에 감자를 넣어 묻고 다시 나뭇가지와 나무 껍질을 더 얹었다. 감자가 익을 동안 근처에서 뛰어다니며 놀았다. 조금 있으니 배가 고파서 더 기다리지 못하고 감자를 꺼냈다. 감자의 겉은 알아볼 수 없을 만큼 새까맣게 탔지만 속은 반도 익지 않았다. 그래도 꿀맛이었다. 집으로 돌아가기 전에 불 지폈던 흔적을 나무 등걸 아래로 밀어 넣어 보이지 않게 했다. 이제 숲을 빠져 나오면 아무 문제 없이 나의 특별한 캠핑은 끝나게 되었다.

그날 늦은 오후 우연히 공원의 협곡 쪽을 바라보다가 협곡의 아래쪽에서 길고 가는 연기가 기둥처럼 피어오르는 것을 보았다. 나는 다리까지 뛰어가서 다리 난간 아래를 내려다보았다. 내가 감자를 구워 먹은 바로 그 자리에 불이 붙었고 조금씩 불길이 솟아올랐다. 내가 낸 불이 틀림없었다. 나는 협곡 아래 숲으로 뛰어 내려가 나뭇가지로 불을 끄려고 했다. 그런데 그게 오히려 타다 남은 불씨를 흩어놓으며 더 큰 불길을 만들었다. 그 불길에 그만 겁에 질려서 집으로 달려왔다. 전차 선로를 따라 오면서 만나는 사람에게 소리를 질렀다.

"공원에 불이 났어요! 숲이 타고 있어요!"

집으로 달려온 나는 2층 내 방에 올라가서 문을 닫았다. 그리고 침대에 앉았다. 불길에 휩싸인 공원의 모습이 눈앞에 떠올랐다. 어쩌면 시애틀 시내가 모두 타버릴지도 모른다는 생각이 들었다. 잠시 후 멀리서 사이렌 소리가 들렸다. 공포가 엄습해왔다. 경찰이다! 나를 잡으러 온다. 나는 남은 생을 감옥에서 지내게 될 것이다. 나는 벽장으로 가서 걸린 옷들 사이에 몸을 숨기고 문을 닫았다. 그런데 벽장은 경찰이 가장 먼저 뒤져볼 것 같았다. 방에서 나와 다락방으로 올라갔다. 하지만 경찰이 다락방을 뒤지지 않을 리가 없었다. 나는 경찰이 천천히 계단을 밟고 다락방으로 올라오는 소리를 들을 수 있었다. 허리에 찬 수갑이

달랑거리는 소리도 들렸다. 그들의 수색을 피할 안전한 곳은 집 어디에도 없었다. 그때 타원형 창문 안쪽의 의자가 생각났다.

우리 집 응접실에는 밖을 내다볼 수 있게 만든 발코니 같은 둥근 **창문**이 있고, 그 안에 의자가 있었다. 겁에 질린 아이가 숨기에 충분한 공간이었다. 그 속에 들어가 납작 엎드렸다.

소방차가 왱-왱-왱 거리면서 집 옆을 지나가고 밖에서는 사람들이 떠드는 소리가 들렸다. 그 소리는 경찰이 동네 사람들에게 나를 찾아내라고 다그치는 소리 같았다. 시간이 천천히 흘러갔다. 아버지가 직장에서 돌아와 어머니와 이야기하는 소리도 들렸다. 나중에는 어머니가 나를 찾는 소리도 들렸다. 처음에는 2층을 향해 내 이름을 부르더니, 뒷마당에 가서도 내 이름을 부르고, 현관 앞에 서서 길을 향해서도 나를 불렀다. 어머니가 아버지에게 하는 소리가 들렸다.

"여보, 걱정이 돼서 죽겠어요. 이런 상황에서 당신마저 밖에 나가면, 저는 어떻게 해요? 폴이 길을 잃어버렸거나 아님 무슨 일이 생긴 것이 틀림없어요."

내게 무슨 일이 생긴 것이 틀림없다. 감옥에서 평생을 보내야 할지 모른다. 그런 일이 생긴 것이다. 저녁식사 시간이 되었다. 식당에서 식구들이 저녁을 먹는 소리가 들렸다. 아버지는 이웃집의 저녁식사에 초대를 받아 가고 없었다. 그리고 조금 후에 어머니가 누군가에게 전화를 거는 소리를 들었다. 얼마 지나지 않아서 현관에 무거운 발소리가 들렸다. 드디어 그들이 왔다. 나는 내게 다가올 시간을 기다리는 게 너무 무섭고 지쳐서 그만 잠이 들고 말았다.

아버지가 집에 돌아오자 어머니는 말했다.

"여보, 경찰에 아이 실종 신고를 했어요. 지금쯤 경찰이 애를 찾고 있을 거예요."

아버지는 별로 대수롭지 않게 어머니에게 말했다.

"폴은 아마 창문 발코니 의자에 있을 거야. 당신, 창문 열어 보았소?"

어머니가 대답했다.

"애가 거기 들어갔을 줄은 꿈에도 몰랐어요."

어머니는 창문을 열고 내 팔을 잡아끌면서 물었다.

"너, 거기서 뭐 하고 있었니?"

"잠이 들었나 봐요."

"너, 굉장한 구경거리를 놓쳤다. 공원의 숲에서 불이 났어. 소방차가 몇 대나 지나갔는지 몰라."

나는 물었다.

"그들이 누구를 체포했대요?"

어머니가 물었다.

"아니. 누구를 왜 체포해야 하는데?"

나는 아무 대답도 하지 않았다.

감기약 도둑

어렸을 때, 나는 짐몰 트로키라는 이름의 드롭스를 좋아했다. 짐몰 트로키는 아이들이 먹기 좋게 드롭스로 만든 감기약이었다. 박하 향기 때문에 입에 들어가면 입 안이 화해지고 시원했다. 나는 일주일에 용돈으로 5센트를 받았는데, 짐몰 트로키 한 갑을 살 수 있는 돈이었다. 용돈을 몽땅 털어서 짐몰 트로키를 사기도 했다. 그러고 나서 씹지 않고 그냥 입 안에 두고 오랫동안 그 맛을 즐겼다.

아홉 살 무렵 어느 날, 나는 햄필 씨의 약국에 갔다. 형이 아르바이트로 일하던 약국이었다. 문을 열고 들어서자 바로 문 옆의 탁자 위에 짐몰 트로키가 산더미처럼 쌓여 있었다. 나는 그만 유혹을 이기지 못하고 두 갑을 슬쩍 집어서 밖으로 뒷걸음질쳐 나왔다.

집으로 돌아오는 내내 도둑질을 했다는 사실에 마음이 편치 않았다. 그리고 이것을 집에 가지고 가면 엄마가 무슨 돈으로 샀냐고 물을 것이고, 도둑질한 것을 들키게 될 것 같았다. 그래서 이번에는 입 안에서 녹이지 않고 한꺼번에 짐몰 트로키 두 갑을 다 삼켜버렸다. 집에 도착할 때쯤 배가 너무 아팠고 금방이라도 토할 것 같았다. 어머니가 대야 위에 내 머리를 잡고 등을 두들겨주자 소화되지 않은 짐몰 트로키들이 쏟아져 나왔다.

어머니가 물었다.

"이게 뭐냐?"

나는 울상으로 대답했다.

"짐몰 트로키요."

속에 있던 것을 다 토하고 나니 한결 나았다. 어머니는 부엌에서 나를 불렀다. 어머니는 빵을 만들 밀가루를 반죽하고 계셨다.

어머니가 물었다.

"이 트로키들이 다 어디서 났니? 여러 갑 되는 것 같던데."

"두 갑인데요."

"그래, 어디서 났니?"

"햄필 씨 약국에서요."

"햄필 씨가 네게 공짜로 두 갑이나 주었단 말이니?"

나는 고개를 숙인 채 대답을 못했다.

어머니가 명령하셨다.

"폴, 나를 똑바로 쳐다봐라."

나는 고개를 들어 어머니의 얼굴을 쳐다보았다. 슬픈 표정의 무서운 얼굴이었다.

"네가 사실대로 말해주길 바란다. 어떻게 트로키를 구했는지 말해봐라."

나는 겁에 질려서 턱이 덜덜 떨렸다. 내가 큰 죄를 지었다는 것을 깨달았다.

"폴!"

나는 어머니의 목소리 높이로 봐서 더는 피할 수 없다는 것을 알았다.

나는 들릴 듯 말 듯 아주 작은 목소리로 말했다.

"그냥 집어 왔어요."

어머니가 정정하여 말씀해주셨다.

"훔쳤구나. 그렇지?"

나는 눈물을 글썽이며 고개를 끄떡였다.

"폴."

어머니의 목소리는 여전히 무서웠다.

"거기 가만히 앉아 있어라. 이 일을 어떻게 해야 좋을지 생각 좀 해보자."

나는 난로 옆에 앉아 있고 어머니는 다시 밀가루를 반죽했다.

어머니는 머리를 앞뒤로 이리저리 흔들며 밀가루 반죽을 여러 개의 빵틀에 담았다. 어머니가 빵을 만들 때면 주먹만 한 밀가루 반죽을 한 덩이 떼어서 내게 주곤 했다. 나는 그 밀가루 반죽으로 내가 만들고 싶은 모양의 작은 빵을 만드는 것을 좋아했다. 그런데 어머니는 이번에는 그렇게 하지 않으셨다. 가슴이 덜컥 내려앉았다. 사태가 심각하다는 것을 알았다. 나는 어머니의 말씀을 기다렸다. 마침내 어머니가 말씀하셨다.

"폴, 햄필 씨 약국에 가서 네가 한 짓을 사실대로 말씀드려라."

그 소리는 마치 죽음을 알리는 종소리처럼 들렸다.

"지금 당장, 햄필 씨 약국에 가서 엄마가 말한 대로 해라. 알았지?"

범죄를 저지른 장소를 향해 걸어가는 발걸음은 그야말로 천근만근이었다. 나는 오랫동안 약국 근처를 서성였다. 차마 안으로 들어가 햄필 씨 얼굴을 대면할 용기가 나질 않았다. 마지못해 용기를 내어 안으로 들어갔다. 손님들 서너 명이 계산대 앞에 서 있었고 나는 그 사람들이 다 나가기를 기다리면서 뒤에서 서성거렸다.

"얘야, 할 말이 있니?"

햄필 씨가 나를 보더니 손을 흔들며 말했다.

"문 옆에서 잠깐만 기다려라. 곧 부르마."

나는 약국 입구에서 조금 뒤로 물러섰다.

"그래. 거기 트로키가 있는 탁자 옆에서 기다려라."

그는 손님 몇 사람과 잠시 더 이야기를 나누었다. 마침내 먼저 왔던 고객들이 다 돌아가자 햄필 씨가 카운터에서 큰 소리로 말했다.

"무슨 일로 왔니?"

나는 속삭이듯이 말했다.

"제가 짐몰 트로키 두 갑을 집어갔어요."

그가 다시 물었다.

"뭐라고? 크게 말해봐라. 잘 안 들린다."

햄필 씨는 못 알아들었다는 시늉을 하면서, 손을 귀에 대고 소리치듯 말했다.

"뭐가 어쨌다고? 크게 말해봐. 목소리가 기어들어 가네."

나는 다시 말했다.

"제가 짐몰 트로키 두 갑을 집어갔어요."

마치 시애틀에 있는 모든 사람에게 내 범죄 사실을 알리는 것 같았다. 그런데도 그는 카운터에서 소리를 질렀다.

"네가 어쨌다고? 네가 무엇을 훔쳤다고?"

나도 큰 소리로 외쳤다.

"제가 짐몰 트로키 두 갑을 훔쳤어요."

그렇게 소리치고는 울음을 터뜨렸다.

햄필 씨는 다시 평소의 목소리로 말했다.

"아, 네가 말하려는 것이 그것이었구나! 그래. 그렇다면, 당연히 벌을 받아야지."

햄필 씨는 한결 부드러워진 목소리로 말했다.

"폴, 어떤 벌이 적당할 것 같니?"

그는 한참 동안 내게 생각할 시간을 주듯이 기다렸다가 말했다.

"일주일 동안 방과 후에 약국에 들러서 청소를 하면 어떨까? 일주일 동안 약국의 안과 밖을 깨끗이 청소해야 한다. 알았지?"

나는 눈물로 얼룩진 얼굴로 집에 돌아왔다. 내가 뒷문으로 들어가자 어머니는 부엌에 계셨다.

"햄필 씨에게 말씀드렸니?"

나는 고개를 끄떡였다.

"뭐라고 하시든?"

"방과 후에 약국에 들러서 청소를 하라고 하셨어요. 일주일 동안."

어머니는 고개를 끄덕이며 말씀하셨다.

"그리고 2주 동안 네 용돈으로 트로키 값을 갚아야 한다."

나는 기어들어가는 목소리로 대답했다.

"알았어요."

어머니는 빵틀 위에 덮었던 천을 툭툭 털면서 말씀하셨다.
"이것을 오븐에 넣게 하나씩 건네다오."
빵은 여덟 덩어리였다. 어머니는 탁자 구석에 작은 천으로 덮인 그릇 하나를 가리키며 조용히 말씀하셨다.
"네 것은 저기 있다."
나는 작은 천을 열어보았다. 거기에는 여덟 개의 땅콩만 한 빵이 한 덩어리로 뭉쳐져 있었다. 어머니를 쳐다보니 어머니의 눈이 촉촉이 젖어 있었다. 나는 내 빵 덩어리도 함께 오븐에 넣었다.

이웃집 할아버지

이웃집에 노부부가 살았다. 메츠거 씨 부부였다. 메츠거 씨는 늘 휠체어에 앉아 있었다. 그는 휠체어를 능수능란하게 다루었다. 가끔 봄이 오면 무거운 지팡이를 짚고 절름거리며 몇 발자국 걷기도 했다. 그는 거동이 불편하고 몸이 아픈 탓인지 심보가 고약했다. 누나 캐럴과 나는 그분께 질문을 했다가 면박당하기 일쑤였다.

메츠거 씨는 언제나 경계 태세를 갖추고 우리를 노려보았다. 어린 우리들에게 휠체어는 호기심의 대상이었고, 휠체어에 대해 무엇이든지 알고 싶었다. 우리는 어린아이의 순진함으로 메츠거 씨가 거동이 불편하고 몸이 편찮으신 것에 개의치 않고 질문을 했다. 그런데 우리가 당신의 심기를 건드렸다고 생각되면 그는 어김없이 지팡이를 들고 금방이라도 우리에게 달려들 것처럼 위협했다.

"감히 우리 집 안에 발을 들여놓다니! 나는 절대로 너희들이 내 정원을 망치는 것을 그냥 두고 보지 않겠다. 잔디를 다 망쳐 놓고, 꽃을 꺾다니 어디 가만두나 보자."

그는 기회만 되면 아이들이 저지를 수 있는 잘못이나 손상, 그로 인한 피해의 목록을 열거했다.

누나와 내가 메츠거 씨의 화를 돋우는 원인은 그 집의 경계선 때문이었다. 사실상 그 경계는 뚜렷이 눈에 보이지 않았다. 캐럴과 내가 공놀이를 하고 있으면, 메츠거 씨는 자기 집 식당에 앉아서 창문으로 우리를 지켜보았다. 내가 높이 날아오는 공을 잡으려고 우리 집 마당 뒤로 가면 메츠거 씨는 어김없이 창문을 열고 외쳤다.

"야, 이 망나니 같은 놈아, 내 집 경계에서 썩 나가지 못하겠니?"

화를 잘 내는 메츠거 할아버지는 마치 경계선을 사수하려고 사시는 것 같았다. 늘 독수리 같은 눈으로 우리를 지켜보았다. 나는 오히려 할아버지가 화를 내면서 소리치는 것을 재미있어 했다. 그래서 나는 은근히 할아버지가 화내기를 기대하면서 경계선 가까이 접근하기도 했다. 할아버지는 꼬마인 내 미끼에 늘 걸려들었다. 아홉 살배기 꼬마가 그런 신나는 도전을 어찌 거절하겠는가?

메츠거 부인은 작고 연약한 할머니인데 모든 것을 체념한 표정이었다. 할머니는 할아버지처럼 화를 잘 내지는 않았지만 귀가 어두웠다. 확성기 대용으로 고무로 만든 검고 큰 나팔을 들고 다녔다. 메츠거 할머니와 대화를 하려면 진땀을 뺐다. 특히나 참을성 없는 아이에게는 고통이었다.

그 당시에는 다이너마이트 막대기만큼 큰 폭죽을 쉽게 구할 수 있었다. 한 개에 25센트 하는 그 폭죽을 우리는 대포 폭죽이라고 불렀다. 특별한 때에 아버지는 폭죽을 여러 개 사서 터뜨릴 수 있게 해주었다. 우리에게 상을 줄 일이 있으면, 폭죽의 도화선에 불을 붙이는 걸 허락하셨지만, 아버지의 엄격한 감독 아래 당신의 지시에 따른다는 약속을 한 뒤였다. 폭죽이 터지기 전에는 손으로 귀를 막으라고 했다.

어느 해 독립기념일에 형은 아버지가 산 폭죽 중에서 4개를 몰래 빼내어 내게 감추라고 건넸다. 나는 폭죽을 차고 뒤쪽에 감추었다. 아버지의 감독을 받으며 폭죽을 터뜨린 그 다음날 밤에 형과 나는 우리끼리 몰래 폭죽을 터뜨릴 좋은 장소를 물색했다. 집 근처에서 폭죽을 터뜨리면 아버지가 폭죽 소리를 듣고 어디서 난 것인지 알게 될 테니 우리 집 뒤에 조금 떨어진 공터로 나갔다. 공터에는 메츠거 씨의 장작 더미가 산처럼 쌓여 있었다. 우리는 장작 더미 뒤쪽이 적당하다고 생각했다. 폭발음도 막아주고, 집에서도 멀리 떨어져 있어 폭죽 터뜨리는 걸 볼 수 없는 곳이었다. 나는 장작 더미 틈새에 폭죽 하나를 설치했다. 그때 형이 새로운 아이디어를 냈다.

"나머지는 한꺼번에 터뜨리자. 그러면 폭죽 소리가 대단할 거야."

우리는 나머지 세 개를 서로 엮고 도화선을 하나로 꼬아서 장작 더미 옆에 설치했다. 나는 도화선 끝에 불을 붙이고 공터를 지나 숲속으로 달려가서 납작 엎드렸다.

"꽝! 꽝! 꽝!"

귀가 먹먹할 정도로 굉음을 내면서 메츠거 씨의 장작 더미가 하늘로 치솟아 올랐다. 장작개비 한 개는 공중을 날아서 그의 집 잔디밭을 가로질러 아래층 부엌 창문을 뚫고 들어갔다. 물론 유리창은 박살이 났다. 두 개는 우리 집 지붕까지 날아간 것을 나중에야 발견했다. 장작 더미는 사방으로 흩어졌다. 나는 우리 집 닭장을 향해 달려가면서 아직도 장작 더미가 계속 무너지는 것을 보았다. 형은 반대쪽으로 달아났다. 우리 집 뒷문과 메츠거 씨의 뒷문이 동시에 열렸다.

아버지가 나를 찾았다.

"폴, 폴, 어디 있니?"

메츠거 씨도 당신이 지를 수 있는 가장 큰 소리로 고함을 쳤다.

"저 망나니가 장작 나른 값을 주지 않았다고 내 장작 더미를 다 날려버렸어."

그는 창문이 얼마나 부서졌는지 확인하려고 절름거리며 창문 쪽으로 갔다.

"녀석은 단단히 혼이 나야 해. 유리창 값을 변상받아야겠어."

아버지가 뒷문으로 나오며 말씀했다.

"내 아들이 그랬는지 어떻게 아세요?"

메츠거 씨는 매섭게 쏘아붙였다.

"당신이 더 잘 알면서 그렇게 말한단 말이오? 당신, 방금 나와서 아이를 부르지 않았소?"

"알았어요!"

아버지는 더는 말다툼을 해봐야 소용이 없다는 것을 알고는 안으로 들어가면서 문을 쾅 닫았다.

내가 몰래 내 방으로 들어가려고 할 때, 아버지가 나를 붙잡았다.

"폴, 이리 들어와라!"

나는 아버지가 신문을 읽고 계신 거실로 갔다. 어머니는 창가에 앉아 뜨개질을 하고 계셨다.

아버지가 물으셨다.

"네가 메츠거 씨의 장작 더미를 날려버렸니?"

"저, 그게…… 예."

"메츠거 할아버지가 장작 나른 값을 주지 않았다고 그랬니?"

"아뇨, 그런 게 아니라 제가 대포 폭죽을 하나 찾았거든요."

나는 형이 폭죽을 주었다는 말은 하지 않았다.
"거기가 안전할 것 같아서 그랬어요."
아버지는 끌끌 혀를 차면서도 내 말을 믿어주었고, 내가 저지른 일을 묵인해준다는 뜻으로 다시 고개를 돌려 신문을 보셨다. 나는 조용히 빠져 나와서 2층으로 올라가려고 했다.
아버지가 다시 고개를 들며 말씀하셨다.
"너, 내일 메츠거 씨 장작 더미를 다시 쌓아드려라. 그리고 유리창 값도 네 용돈에서 변상해드리고. 알았지?"
"예, 아버지."
나는 작은 목소리로 대답하고는 아버지가 다른 말씀을 하기 전에 빨리 그 자리를 떴다. 아버지는 대포 폭죽이 어디서 났는지 묻지 않았다. 형은 창문을 타고 몰래 들어왔지만 아버지는 알지 못했다.

마침내 메츠거 할아버지는 우리 집과 당신 집 사이의 경계선을 표시하는 여러 방안을 강구했다. 먼저 경계선에 복숭아나무를 심었다. 나무는 금방 자라서 나뭇가지가 우리 집 지붕 위로 뻗었다. 그리고 탱자나무로 울타리를 둘렀다. 할아버지는 탱자나무를 아주 반듯하게 손질하여 마치 벽 같이 만들었다.
봄이 되어 복숭아나무에 꽃이 만개했다. 메츠거 할아버지는 자기 조카인 로널드 아저씨를 시켜 나무에 올라가서 꽃을 따게

했다. 메츠거 씨는 열매가 맺기 전에 꽃을 많이 따내야 나중에 크고 맛있는 복숭아가 열린다고 믿었다. 한 가지에 꽃을 20여 개 정도 남겨놓았다. 꽃이 지고 작은 열매가 열리자 그는 뜰에 나와서 가지마다 열매가 몇 개 달렸는지 일일이 세어서 노트에 적어놓았다. 만약 하나라도 없어진다면 내게 저주를 퍼부을 작정이었다. 그는 분주하게 나무 아래를 오가며 땅바닥에 떨어진 복숭아가 있는지 살폈다. 복숭아가 떨어지면 지팡이로 찔러보고 노트에 기록했다.

여름이 지나가면서 복숭아는 점점 더 굵어지고 노랗게 익어 갔다. 그는 매주 정확하게 나무에 달린 복숭아 개수를 세었다. 그런데 복숭아가 다 익어갈 무렵 복숭아 한 개가 땅에 떨어지지도 않았는데 없어졌다. 복숭아는 아직 완전히 익지는 않았지만 따 먹을 정도는 되었다.

그날 저녁에 뒷문을 통해 고함 소리가 들려왔다. 내가 나무에서 복숭아를 따 먹었다는 것이다.

"내가 저 녀석을 유치장에 집어넣고 말 거야. 더는 저 녀석이 복숭아를 훔치지 못하게 할 테야."

할아버지의 목소리가 얼마나 날카로웠는지 어머니와 나한테 다 들릴 정도였다. 어머니는 내게 복숭아를 훔쳤느냐고 눈빛을 보냈고 나는 아니라고 고개를 흔들었다. 말 없는 대화를 통해 어머니가 나를 믿으신다는 걸 알았다.

아버지가 문을 닫으며 말씀하셨다.

"어떻게 된 일인지 알아봐야겠다."

어머니가 의자에 앉아 있는 아버지에게 말했다.

"여보, 폴이 한 짓이 아니에요."

"누가 그래?"

"폴이 그랬어요. 폴은 거짓말하지 않아요. 저는 그 노인네가 폴을 못살게 구는 것을 보고만 있을 수 없어요. 당신도 마찬가지예요."

아버지는 나를 쳐다보았다.

"사실이냐?"

나는 고개를 끄덕였다. 아버지가 말씀하셨다.

"메츠거 씨는 걱정하지 마라. 내가 알아서 하마."

어머니는 조용히 웃으며 내게 2층으로 올라가라는 눈짓을 보냈다. 나는 조용히 내 방으로 올라갔다.

이렇게 해서 아버지와 메츠거 씨의 싸움이 시작되었고, 여름내내 계속되었다. 메츠거 씨는 아버지를 볼 때마다 절름거리며 다가와서 지팡이를 흔들었다. 메츠거 씨는 당신이 생각할 수 있는 모든 종류의 벌을 내게 줘야 한다고 주장했고, 아버지는 죄없는 아이에게 손가락 하나 까딱했다가는 가만두지 않겠다고 응수했다. 나는 주로 닭장 뒤에 서서 두 어른들이 탱자나무 울타리를 사이에 두고 서로 삿대질을 하면서 싸우는 모습을 지켜보며 낄낄거렸다.

　복숭아가 다 익자, 메츠거 씨는 조심스럽게 복숭아를 모두 수확해서 지하실로 옮겼다. 이제 더는 복숭아 때문에 신경을 쓰지 않아도 되었다.
　그해 가을 어느 날, 나는 형과 공놀이를 하고 있었다. 메츠거 씨는 평소처럼 우리가 당신 집 경계선을 넘는지 지켜보려고 식당 창문가에 앉아 있었다. 그때 잘못 던진 공이 그만 지붕에 올라가서 빗물받이 처마에 걸렸다. 형은 사다리를 타고 지붕으로 올라갔다. 형이 받으라고 하면서 공을 던졌다. 나는 공인 줄 알고 받았다. 그런데 그건 공이 아니라 딱딱하게 말라비틀어진 복숭아였다. 한참 동안 그 복숭아를 보다가 그것이 어떤 복숭아인지 알게 되었다. 내가 따 먹었다고 메츠거 할아버지가 주장한 바로 그 복숭아였다. 복숭아가 지붕 위에 떨어져서 빗물받이 처마에 걸려 햇살을 받아 공처럼 딱딱하게 굳어진 것이었다.
　그 복숭아를 보니 여름 내내 메츠거 할아버지에게 억울하게 당했던 일이 떠올라 새삼스럽게 분했다. 나는 복숭아를 들고 아직도 창가에서 우리를 지켜보는 할아버지를 쳐다보았다. 나는 손을 내밀며 소리쳤다.
　"할아버지의 그 빌어먹을 복숭아가 여기 있네요."
　나는 복숭아를 창문을 향해 던졌다.
　조금 후에 아버지가 돌아오시자, 메츠거 씨는 아버지를 뒷마당으로 불렀다. 그는 깨진 유리창을 보여주면서 내가 얼마나 못된 아이인지 장황하게 연설을 했다. 그는 아버지에게 말라비틀어진 복숭아를 보여주었다. 아버지는 그것을 받아들었다.

"**이것** 때문에 여름 내내 그렇게 소리치면서 애를 들볶았습니까?"

아버지는 깨진 유리창 너머로 그 복숭아를 던지면서 말씀하셨다.

"그 잘난 복숭아 도로 가지고 가서 실컷 잡수시지요."

아버지가 내게 다가오며 말씀하셨다.

"이번에는 유리창 값을 물어주지 않아도 된다."

우리 집에선 개를 한 마리 키웠다. 이름이 프린스였다. 프린스는 그냥 개가 아니라 내 친구였다. 복슬복슬한 털에 꼬리가 위로 말려 올라간 잘생긴 녀석이었다. 늘 나를 졸졸 따라다녔고, 나도 그 개를 엄청 좋아했다.

메츠거 씨의 조카인 로널드 아저씨는 군인으로 전쟁에 참전하게 되었다. 그는 일찍 부모를 여의고 어릴 **때**부터 숙부인 메츠거 씨 집에서 자랐다. 군인이 되기 전에는 다른 주에서 대학을 다녀서 나는 로널드 아저씨를 자주 보지는 못했다. 그가 참전하러 프랑스로 떠나기 전 휴가를 얻어 집에 왔다. 그는 번쩍번쩍 빛나는 멋진 장교복 차림이었다. 나는 경이로운 눈으로 그의 옷을 바라보았다.
 어느 날 저녁, 거실에 들어가니 로널드 아저씨가 어머니 아버지와 함께 앉아 있었다. 나를 보자 어머니가 웃으며 말씀하셨다.
 "로널드 아저씨가 프린스를 전쟁에 보낼 수 있도록 네가 허락해주기를 바라신다."
 "안 돼요."
 나는 고개를 저었다.
 "프린스는 제 개예요. 전쟁에는 절대 안 가요. 가면 독일인들의 총에 맞아 죽을 거예요."
 로널드 아저씨가 말씀하셨다.
 "지금 우리 나라엔 프린스 같은 좋은 개가 필요해. 개는 전쟁터에서 아주 큰 역할을 한단다. 프린스는 적십자 개로서 많은 생명을 구하게 될 거야."
 그가 아무리 설득해도 내 허락 없이는 프린스가 전쟁터에 갈 수 없었다. 로널드 아저씨는 계속 나를 설득했다.
 "프린스도 군인처럼 진짜 군복을 입게 된단다."
 나는 눈을 반짝이며 물었다.
 "아저씨 것과 똑같은 거예요?"
 "내 것과 똑같지는 않지만, 온몸에 멋있는 망토를 두르게 되지. 양쪽에 적십자라고 크게 적힌 망토야. 프린스는 부상당한 군인들에게 의약품을 나르게 될 거야. 독일 군인들도 개가 두른 망토에 있는 적십자 표시를 보면 절대 쏘지 않을 거야."

결국 나는 설득을 당했고, 로널드 아저씨는 며칠 후에 프린스를 데리고 떠났다. 프린스를 보낸 것이 무척 아쉬웠지만 한편으로는 자랑스러웠다. 나는 학교 친구들에게 내 개가 적십자의 개가 되어 참전하게 되었다고 자랑했다. 프린스가 프랑스에서 싸우면서 많은 생명을 구하게 된다고 말했다.

로널드 아저씨가 떠난 지 두 달 후, 그는 우리에게 프린스가 프랑스 전선에서 죽었다는 편지를 보냈다.

"아, 불쌍한 프린스. 말도 못 하는 녀석이 결국 그렇게 죽다니!"

나는 그날 밤 잠도 못 자고 울었다. 나는 프린스가 죽으면서도 독일 장교의 발을 물어뜯었을 거라고 스스로를 위로했다.

그리고 얼마 후, 메츠거 씨의 집에 전보 한 통이 날아왔다. 로널드 아저씨가 전사했다는 소식이었다. 어머니는 많은 시간을 메츠거 부인과 함께 보냈다. 메츠거 씨는 지팡이를 짚고 절름거리면서 뒷마당에 자주 나와서 하늘을 바라보며 멍하니 서 있곤 했다. 어느 날 나는 그가 두 손으로 머리를 감싸고 허리를 구부린 채 휠체어에 앉아 있는 것을 보았다. 내가 가까이 다가가도 그는 꼼짝하지 않았다.

내가 말했다.

"메츠거 할아버지, 미안해요. 정말 안됐어요."

그가 고개를 들었다. 얼굴이 젖어 있었다. 그가 나를 보더니 고개를 끄덕였다.

"프린스도 죽었대요."

그는 손을 뻗어 내 어깨를 잡았다. 그리고 나를 힘껏 끌어안았다.

"그래, 나도 안다, 애야."

그가 손에 너무 힘을 주어 어깨가 아플 정도였다. 이제 나는 그가 전혀 무섭지 않았다. 그는 작고 거동이 불편한 노인일 뿐이었다.

사료 부대

시애틀 시 외곽에 있던 늪지대는 어마어마하게 큰 비행기 공장이 들어서면서 사라져버렸다. 어릴 때 나는 그 늪으로 자주 메기 낚시를 갔다. 부모님은 위험하다고 아이들끼리는 늪에 가지 못하게 했지만 아이들에게는 뿌리치기 힘든 놀이터였다. 아버지는 내게 절대 혼자 가서는 안 된다고 엄포를 놓았다.

당시에는 늪지대를 가로지르는 고가도로가 있었지만, 늪지대로 들어가는 다른 길은 없었다. 그때는 자동차가 있는 사람들도 많지 않았다. 아버지는 지프차를 한 대 가지고 있었는데, 뒷좌석이 앞좌석보다 조금 더 높고 뚜껑을 뒤로 젖히면 오픈카가 되는 멋진 차였다. 아버지는 늘 시야를 넓게 하려고 허리를 똑바로 곧추세우고 꼿꼿이 앉아서 운전을 했고 지프차를 가진 것을 자랑스러워했다.

우리는 고기를 잡으러 늪지대에 갈 때면 길 옆에 차를 세워놓고 고가도로를 따라 2킬로미터 정도를 걸어서 난간을 넘어 내려갔는데, 그곳에 이르면 늪에서 자라는 긴 풀들이 있는 둔덕이 진흙탕 속에서 징검다리처럼 솟아 있었다. 우리는 그 징검다리를 펄쩍펄쩍 뛰어 건너서 시냇가에 다다랐다. 조금 높이 솟은 둔덕에서 자란 딱딱한 풀과 갈대밭 사이에는 시냇물이 굽이굽이 흘렀다. 좁다랗게 흐르는 맑은 물 속에는 메기 같은 고기가 살았다.

나는 토요일 오후에 가끔 거기서 낚시를 했다. 시냇가에서 수많은 곤충들이 윙윙거리는 소리가 좋았다. 때로는 갈대숲에 사는 새들의 보금자리를 발견하기도 했다. 갈대 새는 헬리콥터처럼 수직으로 날아오르거나 내려앉았다. 갈대 대궁에 붙어 있다가 적이 나타나면 그대로 수직으로 날아올랐다.

늪지대에는 친구들과 함께 가기도 했지만 대개는 숲이나 협곡에 갈 때처럼 혼자 가는 것이 좋았다. 혼자 가면 자연과 더 잘 교감할 수 있고 자연을 마음껏 즐길 수 있기 때문이었다. 나는 개미가 집 지을 재료를 입에 물고 언덕을 기어오르거나 벌들이 떼를 지어 윙윙거리는 모습을 보았다. 아주 드물게 애벌레가 고치에서 나오는 모습도 발견했다.

낚시를 갈 때는 낚싯줄과 낚시 바늘 한두 개, 미끼로 쓸 빵 덩어리를 준비했다. 낚싯대로는 늪지대의 갈대를 꺾어 사용했다. 나는 주로 메기를 잡았다. 메기는 아주 게으른 고기다. 일단 낚시에 걸리기만 하면 빠져나가려고 몸부림치지 않고, 자포자기한 채로 가만히 있기 때문에 나 같은 꼬마가 낚기에 아주 좋은 고기였다.

어느 날 나는 어머니 심부름으로 앤더슨 씨의 잡화 가게에 갔다. 계산대 뒤쪽 선반에 낚싯대가 놓여 있었다. 대나무로 만든 낚싯대는 손잡이가 굵고 끝으로 갈수록 점점 가늘어져서 끝에는 낚싯줄을 매는 둥근 고리가 달려 있었다. 잘 닦여 반짝이는 그 낚싯대는 3단으로 접을 수 있어 가지고 다니기 편한 최신형이었다. 이런 멋진 낚싯대는 처음이었다.

나는 눈을 동그랗게 뜨고 넋을 잃은 채 낚싯대를 바라보았다. 앤더슨 씨가 내가 무엇을 사러 왔는지 보려고 다가왔다. 그는 내가 낚싯대를 쳐다본다는 걸 알고 웃었다. 나는 머뭇거리며 물었다.

"좀 만져봐도 돼요?"

앤더슨 씨는 선반에서 낚싯대를 집어서 건네주었다.

나는 경이로운 눈빛으로 낚싯대를 돌려보면서 너무나 잘 만들어진 것에 감탄했다. 가격이 얼마인지 물었다.

"9달러."

엄청난 가격이었다. 혼이 빠져서 집으로 돌아왔다. 부엌으로 달려가서 어머니에게 방금 본 낚싯대에 대해 흥분해서 말했다. 어머니가 물었다.

"사 오라고 한 소금은 어디 있니?"

나는 힘없이 고개를 숙인 채 대답했다.

"깜박했어요. 금방 다시 뛰어가서 사 올게요."

나는 간절한 눈빛으로 어머니를 바라보며 물었다.

"엄마, 9달러 줄 수 있어요?"

"얘야, 미안하지만 지금 그만한 돈이 없구나."

나는 다시 가게에 가서 소금을 샀다. 나는 소금 자루를 팔에 낀 채, 낚싯대를 보려고 잠시 멈춰 섰다. 앤더슨 씨가 내 뒤에서 말씀했다.

"그 낚싯대가 갖고 싶은 게로구나, 그치?"

나는 아무 말 없이 고개를 끄떡였다.

"엄마나 아빠에게 사달라고 하지 그러니?"

나는 고개를 저으며 말씀하셨다.

"이미 물어봤어요. 엄마가 돈이 없대요."

"그게 정말 갖고 싶으면 내가 방법을 알려주랴?"

나는 그를 올려다보았다.

"가게에서 심부름 하는 아이가 아파서 못 나오는데 네가 대신 그 일을 하렴."

솔깃한 제안이었다.

"방과 후에 배달을 하는 거야. 배달 한 번에 5센트씩 주마. 9 달러가 모일 때까지 그 일을 하면 어떨까?"

어머니는 내가 가게에서 일하는 것은 반대하지 않았다. 다만 숙제를 먼저 한 후에 일을 해야 한다고 했다. 나는 방과 후에 열심히 배달을 했고, 배달을 나갈 때마다 앤더슨 씨는 서랍에 내 품삯을 계산하여 넣었다. 하루가 끝날 때마다 나는 내 돈을 계산했다. 9달러는 한 번 배달로 받는 5센트를 모아서 채우기가 쉽지 않은 액수였다. 어느 날 9달러가 다 모이자 앤더슨 씨는 낚싯대를 내려서 내 손에 쥐어주었다.

"폴, 이제 이건 네 거야. 가지고 가렴."

나는 자랑스럽게 낚싯대를 어머니께 보여드렸다. 어머니도 감탄을 하셨다. 저녁에 직장에서 돌아오신 아버지는 그냥 물끄러미 쳐다보았다. 나는 자러 가기 전, 토요일인 다음날 메기를 많이 낚을 기대에 부풀어서 아버지께 사료 부대를 사용해도 좋은지 물었다.

"부대 옆에 구멍이 좀 났지만, 원하면 가져가거라."

다음날 나는 일찍 일어나서 집안의 허드렛일을 끝내자마자 늪지대로 갔다. 내 새로운 보물을 빨리 사용해보고 싶어서 좀이 쑤셨다. 주머니에 땅콩버터 샌드위치를 넣고, 겨드랑이 밑에 사료 부대를 끼고, 손에는 낚싯대를 들고 신이 나서 전차를 타고 시애틀 시내 서쪽에 있는 늪지대로 갔다. 고가도로를 따라 걸어서 2킬로미터 정도를 간 다음 난간을 넘어 뛰어 내리다가 그만 사료 부대를 떨어뜨렸다. 난간에 사료 부대가 걸렸다. 다시 올라가서 사료 부대를 가지고 갈까 하다가 그냥 두기로 하고 걸음을 옮겼다. 구멍 난 것이라 누가 집어가지 않을 거라고 생각했다. 그러다가 빨리 시냇가에 갈 마음에 거리 판단을 잘못해서 풀이 나 있는 둔덕 사이의 진흙탕 속에 빠져버렸다.

처음에는 신발이 진흙 속에 빠진 것이 속상했고 집에 돌아가서 혼날 것이 걱정되었다. 그런데 찬물이 내 발목에서 무릎으로 차올랐다. 나는 가까이 있는 둔덕으로 올라가려고 애썼지만 불가능했다. 발은 점점 더 깊이 수렁으로 빠졌다. 사람이나 짐승이 빠져 죽기 쉬운 뜬 모래밭에 발을 디뎠다는 사실을 깨달았다. 공포가 밀려오고 빠져나오려고 몸부림을 쳤다. 그럴수록 발은 점점 더 깊이 빠져들었다.

고가도로에서 겨우 3미터 정도 떨어진 곳 아래였다. 고가도로와 너무 가까워서 오히려 고가도로를 지나가는 자동차들이 나를 발견할 수 없었다. 공포가 커지면서 배가 아팠고 이제 빠져 죽는 일만 남았다. 기도를 하려고 애썼다. 이미 엉덩이까지 빠져서 다리는 전혀 움직일 수가 없었다. 눈물 범벅이 되어 앞도 잘 보이지 않았다.

"하늘에 계신 우리 아버지, 아버지의 이름이 빛나시며……."

주님의 기도를 외우는 중이었다. 바로 그때 나는 어떤 사람이 고가도로의 난간을 잡고 나를 내려다보는 것을 보았다. 그가 뭐라고 외쳤지만 나는 너무 무서워서 무슨 말을 하는지 알아듣지 못했다.

이제 도움을 받을 수 있다는 것을 깨닫고 소리를 질렀다. 도와달라고 소리치는데 그 사람은 고개를 돌리고 가더니 보이지 않았다. 조금 후에 그는 밧줄을 갖고 다시 난간에 나타났다. 밧줄을 난간에 묶고 다른 쪽 끝을 내게 던졌다. 조금 짧은 듯했지만 몇 번의 시도 끝에 내게 닿았다. 나는 밧줄을 움켜잡았다. 그가 외쳤다.

"팔 밑으로 해서 가슴 주위를 감고 묶어라."

그는 난간에서 밧줄을 풀어서 자기 트럭으로 가지고 갔다. 조금 후에 차 시동 거는 소리가 들렸다. 나는 거의 가슴까지 빠져 있었다.

"이제 꽉 잡아라."

그가 트럭으로 나를 끌어올렸다. 팔에 밀려오는 압박이 너무 심해서 무척 고통스러웠다. 그 고통 중에도 내 몸이 천천히 수렁에서 빠져나오는 것을 느꼈다. 나는 밧줄에 매달린 채 그대로 공중으로 들어올려졌다. 난간에 몸이 부딪히면서 고가도로 옆으로 나뒹굴었다. 이미 큰 충격을 받은 상태여서 몸이 부딪히는 것도 별로 느끼지 못했다. 내 몸은 진흙투성이였다. 밧줄에 매달려 나오면서 신발과 바지가 벗겨지고 없었다. 그 남자가 밧줄을 다 감고 내게 말했다.

"집에 데려다주마."

나는 그의 트럭으로 향하다가 갑자기 돌아섰다. 나는 난간을 잡고 매달리며 소리쳤다.

"내 낚싯대!"

난간을 잡고 내려다보았지만 어렵게 얻은 내 보물은 흔적도 없었다. 나는 힘없이 트럭으로 돌아왔고 그는 나를 집까지 데려다주었다. 내 모습을 보고 어머니는 충격을 받았다. 한참 동안 그냥 나를 끌어안고 있다가 이제 씻으라고 하며 놓아주었다. 내가 뜨거운 물에 목욕을 하고 옷을 갈아입고 나오자 그 남자는 가고 없었다. 어머니가 말씀하셨다.

"아버지가 뭐라고 하실지 모르겠다. 분명한 것은 화를 많이 내실 게 분명하니 혼날 각오를 단단히 해라."

나는 아버지가 직장에서 돌아올 시간을 두려운 마음으로 기다렸다. 마침내 아버지의 지프차 소리가 났다. 나는 창문을 통해 아버지가 차에서 내리는 것을 훔쳐보았다. 아버지는 손에 큰 종이 봉투를 들고 집에 들어왔다. 나는 어머니가 저녁 먹으라고 부를 때까지 내 방에서 떨리는 가슴을 진정시키고 있었다.

가족이 모두 식탁에 둘러앉자 아버지는 종이 봉투를 옆에 놓았다. 나는 아버지에게 받을 벌이 두려웠다. 아버지는 우리 모두를 잠시 동안 둘러보고는 말씀하셨다.

"오늘 아주 재미있는 이야기를 들었다."

아무도 대답을 하지 않았고, 아버지는 이야기를 계속했다.

"기름을 넣으려고 주유소에 들렀다가 거기서 어떤 농부를 만났는데, 놀라운 이야기를 해주었어. 그가 오늘 아침에 트럭으로 늪지대를 가로지르는 고가도로를 지났대."

아버지는 나를 똑바로 쳐다보았다.

"폴, 너 알지? 고가도로가 늪지대 위를 통과하잖아."

나는 아무 대답 없이 가만히 앉아 있었다. 아버지는 계속 이야기를 했다.

"그 사람이 지나가다가 사료 부대가 난간에 걸렸기에 주우려고 차를 세우고 내렸대. 그런데 난간 아래를 보니 어떤 아이가 늪에 빠져 있더라는 거야."

아버지는 이야기를 하면서 가족 한 사람 한 사람을 쳐다보셨다.

"그 아이를 꺼내는데 무척 애를 먹었대. 만약 트럭에 밧줄이 없었다면 아이는 아마 빠져 죽었을 거라고 하더군. 사료 부대 때문에 차에서 내렸다가 아이를 구하게 된 거지. 그런데 내가 그 사료 부대에 대해 물었더니 사료 부대는 구멍이 나 있어서 별 소용이 없었다는 거야."

아버지는 말을 하면서 큰 종이 봉투에서 밀가루 부대를 꺼냈다.

"이거 쓸 만하지?"

나는 울었다. 아버지는 잠시 동안 나를 바라보며 말씀하셨다.

131

"폴, 이리 와라."

어머니는 손을 내밀어 아버지의 팔을 잡았다.

"여보."

나는 여전히 울면서 식탁을 돌아서 아버지에게 갔다. 아버지는 내 어깨에 손을 얹더니 나를 꼭 안아주었다.

"오늘 아침에 아주 힘든 시간을 보냈지?"

나는 고개를 끄떡였다.

"왜 혼자서 늪지대에 가면 안 된다고 했는지 이제 알겠지?"

나는 다시 고개를 끄덕였다.

"아버지 말을 듣지 않았으니 벌을 받아야 한다는 것도 알지?"

나는 기어들어가는 목소리로 대답했다.

"예, 아버지."

아버지는 내 눈을 똑바로 바라보며 말씀하셨다.

"다시는 혼자 늪지대에 가지 않는다고 약속하면, 네가 오늘 아침에 고생한 것으로 벌은 면해주겠다."

나는 안도의 한숨을 쉬며 말했다.

"약속할게요."

"네 바지와 신발을 다시 사주는 대신 그 돈을 다 갚을 때까지 용돈은 반으로 줄인다. 불만 없지?"

"예, 아버지."

"폴, 이제 앉아서 저녁 먹어라."

달려라!

 어느 날 우리 집 뒷마당 제일 바깥쪽 잔디밭이 움푹 꺼진 것을 발견하고 아버지께 말씀드렸지만 아버지는 별 관심 없다는 듯 시큰둥한 표정이었다. 열 살배기 아이의 말이라 대수롭지 않게 여겼으리라. 움푹 꺼진 곳은 더는 커지지 않았고 며칠 지나자 나는 그 사실을 까마득히 잊어버렸다.
 그 후 어느 날 아침, 출근을 하던 아버지는 현관문에 달린 방충망의 나무판 아래가 벌어진 것을 보았다. 아버지는 나를 부르더니 그곳을 보여주면서 말씀하셨다.
 "폴, 오늘 이 방충망 아래로 처진 나무판을 조금 올려 못질해서 고정해놓아라."
 아버지가 나간 후에 나는 망치를 가져오고 못을 찾으러 지하실로 내려갔다. 그런데 못 상자가 없었다. 굴러다니는 못이라도 찾아보려고 차고 작업대 위와 공구 통을 뒤졌지만 못은 없었다. 나는 어머니에게 못을 한 상자 사야 한다고 5센트짜리 동전을 달라고 했다. 그랬더니 어머니가 대답했다.

"아버지 퇴근하실 때까지 기다려라. 지금은 잔돈이 하나도 없구나."

나는 망치를 있던 자리에 도로 갖다 놓고는 현관 방충망은 잊어버렸다. 늦은 오후에 자전거의 빠진 체인을 끼우려고 현관 앞길에 자전거를 거꾸로 세워놓았다. 퇴근하던 아버지가 현관으로 들어오다가 아직 방충망 아래가 벌어진 채 그대로 있는 것을 보았다. 아버지는 나를 돌아보며 말씀하셨다.

"오늘 아침, 너에게 저 방충망 고쳐놓으라고 했지?"

내가 대답했다.

"못이 없었어요."

"그래서? 어떻게 하든 시킨 일은 해놓아야지. 당장 가서 못 몇 개 구해와."

나는 물었다.

"어디서 못을 구해요?"

아버지는 화가 난 목소리로 말씀하셨다.

"어디서 구해오든 상관없다. 당장 못을 찾아와."

누나 캐럴은 현관 앞에 있는 그네 의자에 앉아서 그 상황을 보면서 아무 말도 하지 않았다.

집에 없는 못을 찾아오라는 아버지의 억지스러운 말에 나는 앞일을 생각지 못하고 말대꾸를 했다.

"없는 것을 어떻게 찾아요? 저는 못 해요."

아버지는 분노했다.

"뭐라고? 너 지금 내게 못 한다고 했냐?"

아버지는 나를 잡으려고 계단을 뛰어 내려 밖으로 나왔다. 나는 내 자전거를 놓아둔 현관 앞길을 돌아 집 주위로 도망쳤다. 아버지도 나를 잡으려고 집 주위를 따라 돌았다. 그러다 갑자기 현관 앞길에 세워둔 자전거를 들어서 나를 향해 잔디밭 쪽으로 내던졌다. 하마터면 자전거에 맞을 뻔했다.

누나가 소리를 질렀다.

"달려라! 폴, 달려."

나도 같이 소리를 질렀다.

"알았어. 그렇지 않아도 달리는 중이야."

나는 총알처럼 달려서 집 주변을 돌았다. 나무 울타리를 따라 돌다가 울타리를 넘으려면 시간이 많이 지체되어 잡힐 것 같아서 뒷마당에 있는 문 쪽으로 달아났다. 내가 뒷마당에서 문 밖으로 도망치려 하자 아버지는 바로 내 뒤에서 나를 잡으려고 점프를 했다. 나는 잔디밭이 움푹 꺼진 곳에 닿지 않게 넓이뛰기를 하듯 펄쩍 뛰어 넘었다.

그런데 나를 잡으려고 성난 황소처럼 달려오던 아버지는 미처 움푹 꺼진 웅덩이를 보지 못하고 바로 그 한가운데를 디뎠다. 으으 으악 하는 비명 소리와 함께 아버지는 진흙탕 웅덩이에 빠졌다. 잔디밭 밑으로 지반이 가라앉으면서 생긴 웅덩이는 생각보다 꽤 깊었다. 나는 도망가기 바빠서 아버지가 웅덩이에 빠진 줄도 모르고 뒷마당 문을 통해 빈 공터까지 달렸다. 경황이 없어서 아버지의 비명 소리는 듣지 못했고, 얼마나 뒤따라왔는지 보려고 뒤를 돌아보니 아버지는 저 멀리 뒷마당 가장자리에 있는 웅덩이에 빠져 있었다. 되돌아와서 아버지를 살펴보니 더 깊이 빠질 위험은 없었지만 몸통까지 빠졌고 겨우 얼굴과 어깨만 웅덩이 바깥으로 나와 있었다. 아버지의 얼굴은 흙빛으로 변했고 계속 고함을 질렀다. 너무 화가 나서 말도 제대로 못 하셨다.

내가 얼른 집으로 들어가자 어머니가 물었다.

"도대체 무슨 일이냐?"

나는 대답했다.

"방충망을 고쳐놓지 않았다고 아버지가 단단히 화가 나셨어요."

"그런데 왜 아버지의 비명 소리와 고함 소리가 들리지? 지금 어디 계시는데?"

"웅덩이에 빠지셨어요."

"뭐라고?"

어머니는 뒷문으로 달려 나갔다. 그리고 웅덩이에 빠진 아버지를 보았다.

아버지가 소리쳤다.

"가까이 오지 마."

어머니가 멈춰 서서 어쩔 줄 몰라 하자 아버지가 말씀하셨다.

"거기 그렇게 서 있지 말고 빨리 누구든 불러서 꺼내줘."

어머니가 생각할 수 있는 유일한 방법은 소방서에 전화를 하는 것이었다. 소방차가 웽웽거리며 집 앞에 오고 나는 그들을 맞으러 나갔다.

소방대원 한 사람이 말했다.

"무슨 일이니?"

"아버지가 웅덩이에 빠졌어요."

"하하하, 웅덩이에 빠졌다고? 조지, 들었어? 이 집 어른이 웅덩이에 빠졌대."

나는 그 사람들에게 주의하라고 일렀다.

"아버지는 지금 엄청 화가 나 계세요. 아버지를 보고 웃으면 더 화낼 거고, 그러면 저만 죽어요. 제발 웃지 말고 빨리 꺼내주세요."

아버지를 웅덩이에서 꺼내는 일은 소방대원들에게는 식은 죽 먹기였다. 웅덩이로 작은 사다리 두 개를 내려서 각 사다리에 한 사람씩 내려가더니 아버지의 어깨 밑으로 팔을 넣어 아버지를 번쩍 들어올렸다. 웅덩이에서 빠져나온 아버지의 옷은 진흙과 오물 범벅이었고 고약한 냄새가 났다.

어머니가 말씀하셨다.

"당신, 그 옷을 입고 집에 들어오면 안 돼요. 차고에서 다 벗고 들어오세요."

소방대원들은 재미있다고 킥킥거리며 돌아갔다. 아버지는 차고에서 사료 부대를 몸에 두르고 나와서 집으로 들어갔다.

누나가 내게 주의를 주었다.

"너, 당분간 아버지 눈에 띄지 않는 게 좋을 거야."

내가 대답했다.

"걱정하지 마. 그렇지 않아도 그럴 거야."

나는 날이 저물 때까지 밖에 있다가 몰래 부엌 문으로 들어왔다. 나는 속삭이듯이 어머니에게 물었다.

"아버지 어디 계세요?"

어머니가 대답했다.

"위층에 계신다. 저녁 남겨놓았다."

나는 그날 밤과 다음날 아버지가 출근할 때까지 아버지 눈에 띄지 않게 조심했다. 다음날 저녁에도 아버지는 아무 말이 없었다. 그런데 부엌 선반 위에 새 못 한 상자가 놓여 있었다. 나는 그 다음날 아버지가 출근한 뒤에 못질을 해서 방충망을 고쳐놓았다. 그날 아버지가 퇴근하는 것을 창문으로 내다보았지만 아버지는 여전히 말이 없었다. 나는 아버지가 안으로 들어오면서 방충망의 못질이 제대로 되었는지 확인하는 것을 훔쳐보았다.

롤러코스터

형 프레드는 몇 달 동안 외국 여행을 하고 어느 날 오후 집으로 돌아왔다. 어깨에는 입구를 끈으로 죄는 원통형 선원용 가방을 매고 있었다. 형은 한 달 정도 집에 있다가 다시 여행을 떠난다고 했다.

여름 방학이 시작되어 나는 집에서 놀며 형과 많은 이야기를 나누었다. 주로 형이 다닌 여행지와 그곳에서 일어난 일과 그곳의 풍광 등에 관한 이야기였다. 형은 일본과 유럽에서 기념품을 여러 개 사왔다.

어느 날 오후에 형이 말했다.

"너, 샌프란시스코 갔을 때 롤러코스터 봤지? 우리 그것과 똑같은 걸 만들어볼래?"

나는 재미있을 것 같아서 그렇게 하자고 했다. 롤러코스터는 지상에서 일정한 높이의 공중에 지지대를 설치한 뒤, 지지대 사이에 레일을 연결해 그 레일 위를 오르내리며 달릴 수 있게 만든 차를 말한다. 우리는 나무 위에 있는 전망대를 승강장으로 사용하기로 하고 거기서부터 롤러코스터를 만들기로 했다. 1년 전에 우리는 우리 집 뒷골목을 지나면 있는 넓은 공터 옆 큰 소나무 위에 높은 전망대를 하나 만들어놓았다. 전망대는 20미터 높이의 큰 가지 둘 사이에 안전하게 설치했고 지지대도 받쳐놓았다. 벽은 없었고 지붕은 나무 윗가지에 낡은 캔버스를 붙이고 타르를 칠해서 방수가 되게 만들었다. 우리는 그 전망대를 오랫동안 사용하지 않았다. 거기로 올라가는 계단은 소나무 줄기에 작은 나무판을 일정한 간격으로 대고 못을 단단히 박아서 만들었다.

먼저 형이 소나무에 올라가 안전 점검을 하고, 확실한 안전을 위해 계단에 새로 못을 박고, 전망대로 사용하던 집도 승강장으로 사용하려고 수리를 했다. 그리고 여러 판재들을 구하러 다녔다. 뒷마당 너머 공터에는 낡은 헛간 한 채가 있었다. 우리는 헛간을 조심스럽게 헐어서 거기서 나오는 판자들을 롤러코스터 재료로 사용하기로 하고 나사와 못과 합판을 열심히 모았다.

차로를 만드는 일은 간단했다. 좁고 긴 널빤지를 붙여서 단단히 못질을 하고 두 널빤지 사이를 버팀목으로 연결하여 고가도로 모양으로 만들었다. 첫 차로는 나무 위의 승강장에 단단히 묶어서 공터 끝에 있는 다른 큰 나무 밑동에 연결했다. 다시 탄력을 받아서 올라가는 차로는 거대한 체리나무 꼭대기에 연결했다. 거기서 다시 내려오는 차로는 뒷마당을 가로지르게 떡갈나무에 고정시켰다. 거기서 차고 꼭대기로 올라갔다가 내려올 때, 회전력을 이용하여 차로의 방향이 바뀌면서 차는 정지하고 차에 타고 있던 사람은 차에서 벗어나 정원을 둘러싼 울타리 너머에 안착하도록 설계했다. 시내 전차에 쓰는 낡은 침목을 여러 개 구해 차가 정지할 수 있는 장치를 만들었다. 차로의 방향이 바뀌는 곳마다 안전 난간을 만들고, 종착 지점에는 여러 장의 낡은 매트리스를 깔았다. 특히 방향이 바뀌는 차로를 잇는 연결 구조는 튼튼하게 묶고 쉽게 떨어지지 않도록 몇 번씩 점검했다.

작은 합판끼리 연결하고, 미끄러지지 않도록 징을 박고, 내 롤러스케이트를 부수어서 차 바퀴로 사용했다. 폐차장에 버려진 차에서 윤활유를 빼내 버터 통에 담고 차로를 따라 골고루 발랐다.

이제 시범 운전을 할 만반의 준비가 다 되었다. 누가 먼저 탈 것인지를 놓고 형과 의논한 끝에 내가 먼저 타기로 결정했다. 우리는 밧줄을 이용해 차를 끌어올리면서 나무 위의 승강장에 올라갔다. 미끄러지지 않게 받쳐주는 양쪽 난간 사이에 차를 올려놓고 거기에 앉았다. 나는 몸을 구부려서 다리와 무릎을 붙이고 차의 양쪽을 꼭 잡았다. 형이 주의를 주었다.

"출발하면 미끄러지게 하면서 몸을 차 뒤로 기대고 중심을 잡으면서 옆 난간에 부딪히지 않게 조심해라."

나는 자신 있게 말했다.

"물론이지. 조심할 테니 걱정 마."

우리 생각은 차가 롤러코스터의 차로를 따라 미끄러져 내려왔다가 다시 올라가고 다시 내려오면서 방향을 바꿀 때, 몸이 점프되면서 울타리를 넘어 매트리스 위에 떨어지는 것이었다.

형이 물었다.

"준비됐니?"

내가 대답했다.

"응, 준비됐어."

내가 탄 차를 형이 밀자 차로를 따라 미끄러져 내려갔다. 속도는 기대 이상이었다. 첫 번째 차로를 향해 경사진 곳을 내려가면서 차엔 가속도가 붙었고, 나는 바람처럼 달렸다. 첫 번째 커브를 돌 때까지는 모든 것이 순조로웠다. 나는 차로 밖으로 튕겨 나가지 않으려고 양손으로 차를 꼭 잡고 매달렸다. 그런데 내려갔다가 올라오며 커브를 돌 때부터 차가 비틀거렸다. 난간에 부딪히자 나는 무게 중심을 잡으며 떨어지지 않으려고 난간의 줄을 꽉 잡았다. 얼마나 세게 잡았는지 손바닥이 다 벗겨졌다. 나는 괴성을 지르면서 다시 체리나무 꼭대기로 올라갔다. 거기서 다시 떡갈나무 아래까지 미끄러져 내려왔다가 다시 커브를 돌아 차고 지붕을 향해 올라갈 때는 벗겨진 손바닥의 뼈가 보일 지경이었다. 거기서 마지막 하강 코스로 곤두박질할 때는 고속 열차 같은 속도였다.

철도 침목으로 차가 정지할 수 있도록 막아놓은 곳에 부딪히면서 차는 멈췄고, 나는 튕겨나가 몸이 붕 떠서 하강을 위해 준비해둔 매트리스 위가 아니라 뒷마당의 석탄을 쌓아둔 석탄광 벽에 부딪혀서 뒤쪽 마당의 빗물이 흐르는 도랑에 처박혔다. 광에는 석탄이 가득했고, 도랑에는 며칠 전에 버린 못 쓰게 된 석탄과 재와 유리 조각들이 잔뜩 있었다. 광의 벽이 허물어지고 석탄 더미가 무너져내렸다.

비명 소리를 듣고 놀라서 뛰어 나온 어머니가 형과 함께 도랑에서 파내다시피 나를 꺼내주어서 나는 겨우 질식사를 면했다. 도랑에서 건져낸 내 몸은 정말 가관이었다. 온몸은 피투성이였고, 얼굴은 석탄재로 시커맸고, 몸 여기저기에 유리 파편이 박혀 있었다. 발바닥이 너무 따끔거려서 일어설 수도 없었다.

나는 몽롱한 상태에서 어머니가 형에게 소리치는 것과 형이 투덜거리는 소리를 들었다. 형과 어머니는 나를 질질 끌고 뒷문을 통해 부엌으로 데리고 들어왔다. 형이 전화를 걸어 의사를 부르는 동안 어머니는 수건으로 내 얼굴을 닦았다. 어머니는 내 얼굴과 몸을 씻긴 후 형과 함께 나를 침대에 눕혔다. 아버지가 퇴근할 무렵 내 머리와 양손과 양쪽 무릎 위와 배는 온통 붕대로 감겨 있었다. 한쪽 다리에 붕대를 감았고 다른 쪽엔 석고 깁스를 했다.

아버지는 나를 내려다보고 서 있었다. 아무 말도 없었지만 꽉 깨문 어금니 부분 근육이 떨리는 것이 보였다. 그 지경에서도 한편으론 흐뭇했다. 전쟁터의 영웅은 바로 나였고, 아버지의 체벌도 면했기 때문이었다. 나는 아버지가 면도칼을 갈 때 쓰는 가죽끈으로 형을 여러 차례 때리는 소리를 들었다. 형은 방에서 나오더니 부엌 뒷문으로 도망을 쳤다.

어머니가 아버지에게 말하는 소리도 들렸다.

"여보, 그래도 그렇지, 애를 그렇게 때리면 어떻게 해요? 이제 프레드도 다 큰 어른이잖아요."

아버지가 뭐라고 했지만 무슨 소리인지는 알아듣지 못했다.

그날 오후 늦게까지 형은 석탄을 다시 쌓았다. 나는 침대에 누운 채 이틀 동안 형이 석탄광을 다시 짓고 우리의 멋진 롤러코스터를 철거하는 소리를 들었다.

양배추 머리

우리 집 길 건너편에 양배추 농장이 있었다. 농장 주인은 존 베커 씨였다. 베커 씨는 농장 끝에 있는 통나무집에서 혼자 살았다. 양배추는 늘 반듯하게 잘 정돈된 밭고랑을 따라 가지런히 심어져 있었다. 길 가까운 쪽으로 밭이 끝나는 곳에 역시 통나무로 만든 작은 요새가 하나 있었다. 아주 오래전 인디언들이 사용하던 요새라고 했다.

베커 씨는 말이 없고 얼굴은 늘 굳어 있었다. 그가 웃는 것을 보았다는 사람도 없었고, 나도 그가 웃는 모습은 본 기억이 없었다. 다만 서로 교전 중에 무슨 이야기를 할 때, 가끔 입가를 실룩거리는 것을 몇 번 보았을 뿐이다. 어릴 때 나는 베커 씨 농장에서 수시로 양배추를 훔쳐 먹었기 때문에 우리는 자주 교전을 벌였다.

베커 씨는 이웃 사람들과 친하게 지내지 않았다. 사실은 이웃 사람들이 그를 별로 좋아하지 않았다. 우리가 처음 이 동네에 이

사 와서 그와 이웃이 되었을 때, 나는 베커 씨네 집 가까이 가지 말라는 주의를 받았다. 어머니는 말씀하셨다.

"그는 좀 무섭고 대하기 어려운 사람이니까, 그 사람 집 근처에는 얼씬도 하지 마라."

그런 경고를 받았지만, 아니 바로 그런 경고 때문에, 모험심 많은 나는 자주 그의 농장 근처를 기웃거렸다. 내가 낡은 요새를 쳐다보고 있을 때, 베커 씨가 밭에서 요새의 모퉁이를 돌아오다가 나를 보았다. 우리는 서로를 살피느라 잠시 동안 서 있었다. 그가 먼저 말했다.

"저기 길 건너 집에 새로 이사 온 아이구나."

나는 그렇다는 뜻으로 고개를 끄떡였다.

"애들은 여기 오지 않는다."

내가 호기심으로 물었다.

"왜요?"

그는 다시 양배추 밭에 가려고 돌아서면서 어깨너머로 말했다.

"아이들은 이 근처에 가지 않는 것이 좋다고 어른들이 말해주지 않든?"

그러고는 잽싸게 양배추에 붙은 벌레를 손으로 쳐서 잡았다. 내가 물었다.

"아저씨는 매번 그렇게 할 수 있어요?"

"뭐를 할 수 있냐고?"

"그렇게 벌레를 손으로 쳐서 잡을 수 있냐고요?"

"그래. 거의 놓치지 않는다."

그때 처음으로 그가 약간 웃는 듯 입을 실룩거리는 것을 보았다. 그는 다시 내 곁을 지나 양배추를 솔로 문지르면서 밭고랑을 따라 걸어갔다. 나는 그의 옷소매를 잡으며 말했다.

"베커 아저씨, 저……."

그는 나를 내려다보면서 말했다.

"너, 아주 찰거머리 같구나."

내게 대답할 틈을 주지 않고 그가 말을 이었다.

"네 가족들이 여기 가지 말라고 했지?"

나는 어린이다운 순진함으로 말했다.

"그랬어요."

나는 길 건너를 가리키며 말했다.

"저기 살아요. 엄마가 찾으려면 부르겠죠, 뭐."

나는 다시 그의 소매를 잡으며 말했다.

"베커 아저씨, 저 요새에 올라가도 돼요?"

그의 얼굴이 굳었다.

"너, 올라가다가 떨어져서 목이라도 부러지면 너희 부모님이 내게 뭐라고 하시겠니?"

나는 고개를 저으며 말했다.

"저는 안 떨어져요. 제발 올라가게 해주세요. 저 탑에 올라가면 레버나 공원 전체를 볼 수 있을 거예요."

한참 생각하더니 베커 씨는 허락한다는 의미로 가볍게 고개를 끄떡였다.

"한창 자라는 아이가 그곳에 올라가는 것은 다리를 튼튼하게 하는 데 도움이 되겠지."

그는 다시 양배추 밭고랑을 따라가면서 말했다.

"꼬마야, 걱정되는구나. 조심하고 만약 떨어질 것 같으면 바로 내려오너라."

요새에 올라가는 것은 어렵지 않았다. 아래층은 한 60제곱미터 정도 크기였다. 요새가 사용될 당시에는 입구가 아주 좁았을 것 같았다. 참나무로 만든 문에는 검정색 철로 만든 둥근 돌쩌귀가 매달렸는데 이미 오래전에 못질을 해서 막아놓았다. 요새 2층은 아래층보다 훨씬 넓었고 중앙에는 둥그렇게 튀어온 구조물이 놓였다. 꼭대기에는 길고 좁은 구멍이 많이 뚫려 있었다. 적들을 향해 대포를 쏠 수 있게 뚫어놓은 구멍이었다. 벽들은 전부 굵은 통나무로 만들어졌다.

나는 다시 아래로 내려와 둘러보았다. 바닥에는 통나무 사이에 흙을 채워놓았는데, 오랫동안 사용하지 않아서 흙이 다 떨어져나가고 없었다. 양배추 밭을 접한 쪽의 바닥에는 큰 짐승이 파놓은 것으로 보이는 커다란 구멍이 뚫려 있었다. 내가 베커 아저씨에게 잡히지 않고 미끄러져 들어가기에 아주 적당한 크기의 구멍이었다.

여름에는 저녁식사가 끝나면 부모님과 나는 현관에 있는 그네 의자에 앉아서 쉬곤 했다. 우리는 베커 아저씨가 그의 통나무집에서 양배추 밭고랑을 따라 풀을 매거나 다른 일을 하는 것을 볼 수 있었다. 그의 모습이 보이면 자연스럽게 그에 대한 이야기가 나왔다. 어머니는 항상 "저런, 불쌍한 베커 씨"로 이야기를 시작했다. 어른들이 베커 씨에 관해 이야기를 할 때는 늘 목소리를 낮추었다. 무슨 신비한 베일에 싸여 있는 것 같았다.

언젠가 이모네 가족이 우리 집에 왔을 때, 어른들은 현관 앞에 모여서 이야기를 했다. 베커 씨에 대한 이야기가 나왔고, 나는 우연히 어른들의 대화를 엿듣게 되었다. 그제야 베커 씨에 대해 알게 되었다. 베커 씨는 오래전에 결혼을 했는데, 결혼한 바로 그날 밤에 부인이 죽었고, 그날 이후 베커 씨도 산송장이 되었다고 했다. 그 일을 겪은 후 그는 세상을 버린 은둔자처럼 살면서 누구하고도 말을 하지 않고 혼자 지냈다. 일주일에 한 번 식료품 가게와 잡화 가게에 가는 것 말고는 집 밖으로 나오지 않았다. 그런데 해마다 열리는 농작물 품평회에는 꼭 참가하여 자신이 수확한 농작물을 내놓았다.

나는 얼마 지나지 않아서 양배추의 머리 부분이 얼마나 맛있는지 알게 되었고 수시로 양배추를 훔쳐 먹었다. 그러나 요새 아래의 구멍으로 도망쳤기 때문에 불쌍한 베커 아저씨는 한 번도 나를 잡지 못했다. 나는 양배추를 훔쳐서 그 구멍으로 들어가 요새의 지하실에 앉아서 통나무 사이로 들어오는 희미한 빛 속에서 양배추 머리를 맛있게 먹었다. 양배추가 자라는 계절에는 재미로 일주일에 한 번 꼴로 양배추를 훔쳐 먹었다. 베커 아저씨가 밭고랑 저쪽 끝으로 갔을 때를 기다렸다가 슬쩍 한 포기를 뽑아서 요새 지하실로 들어갔다.

베커 아저씨는 괭이를 흔들며 고함을 치면서 나를 쫓아왔다. 그는 내가 요새 지하실로 숨어들어가는 것을 꿈에도 생각지 못하는 것 같았다. 그가 양배추 밭에 들어온 나를 보고 쫓아오면, 나는 얼른 양배추 하나를 뽑아서 팔에 끼고 달렸다. 그가 밭고랑의 반쯤 왔을 때는 이미 나는 요새의 지하실로 숨어든 뒤였다. 그가 괭이를 들고 위협하며 쫓아와도 항상 여유 있는 거리를 유지할 수 있어서 나는 양배추 머리를 머리 위로 던지면서 약을 올리고는 달려가서 지하실에 숨었다. 베커 아저씨는 항상 나를 위협하면서 이렇게 말했다.

"내가 네 버릇을 고쳐놓겠다. 이 미꾸라지 같은 녀석아, 기다려."

한번은 아버지와 내가 가게에 다녀오다가 베커 아저씨를 만났다. 두 분이 멈춰 서서 잠시 이야기를 했다. 아버지가 물었다.

"존, 개 한 마리 키우지그래요?"

베커 아저씨가 이상한 눈빛으로 나를 바라보며 조용히 말했다.

"개 안 키워요."

아버지가 물었다.

"왜요? 개를 싫어하세요?"

"프레드 씨, 개를 싫어하는 것은 아니지만 다른 이유가 있긴 있지요. 하여튼 지금은 개를 안 키울 거요."

우리가 집에 도착했을 때, 어머니가 현관에서 기다리다가 물었다.

"당신과 이야기하던 사람, 베커 씨 아니에요?"

"맞아, 그 사람이오. 그가 아직은 개를 키우지 않겠대. 농사짓는 일 말고는 아무것도 할 수 없다니! 얼마나 더 저렇게 지낼 건지? 루시가 그렇게 된 지가 얼마나 되었지?"

어머니는 아버지의 어깨 위에 손을 얹으며 말씀하셨다.

"자, 자, 당신 그만해요."

나는 베커 아저씨가 어떻게 내가 요새 지하실로 숨는 것을 모를까 하는 생각을 하다가 불쑥 말했다.

"베커 아저씨는 순 바보, 멍청이예요."

어머니는 화를 내며 말씀하셨다.

"너, 왜 그렇게 못된 말을 하니?"

나는 더듬거리며 말했다.

"바보가 아니라면 왜 다른 여자를 못 얻어요?"

"너, 다시 내 앞에서 베커 씨를 그렇게 말하면 가만두지 않겠다. 당장 네 방으로 올라가거라."

여름이 끝날 무렵, 베커 아저씨가 마당에서 말의 어깨에 새 기계를 매다는 것을 보았다. 나는 양배추를 훔치러 온 것이 아니라는 표시로 손을 주머니에 넣고 그에게 다가갔다. 그리고 말에 매다는 기계를 보며 물었다.

"그게 뭐예요?"

"밭을 가는 경작기란다."

그가 말했다.

"괭이보다 훨씬 쉽게 밭을 갈 수 있지."

나는 그의 말은 거의 듣지 않고 재빨리 아주 큰 양배추의 머리 부분을 살펴보았다. 그 큰 양배추 주위에는 보호막이 둘러쳐져 있었다.

나는 감탄했다.

"와아, 정말 큰 양배추네요."

"그렇지? 저 양배추 머리에 리본을 달 거다. 품평회에 내놓을 물건이지."

나는 의아한 눈빛으로 물었다.

"그런데, 왜 보호막을 치신 거예요?"

"응, 토끼가 들어오지 못하게 친 거다."

그는 나를 똑바로 쳐다보며 계속 말했다.

"나는 저 양배추에 어떤 일도 일어나지 않게 할 거다. 저 양배추가 올해 품평회에서 틀림없이 최우수상을 받을 거야."

나는 아무 대답도 하지 않고 만약 내가 베커 아저씨가 보는 앞에서 저 무거운 양배추를 들고 뛰면, 잡히지 않고 달아날 수 있을지를 상상해보았다. 그렇지만 베커 씨가 품평회에서 상을 받을 수 있는 기회를 뺏으면 안 될 것 같았다.

저녁에 집에 돌아왔을 때 들은 소식은 양배추 훔칠 생각을 영원히 접게 했다. 우리가 이사를 간다고 했다. 미주리 주 캔자스 시티에 사는 댄 작은아버지와 함께 살게 된다고 했다.

그 다음 2주 동안은 우리 가족 모두 정신없이 바빴다. 이삿짐을 싸고, 떠나기 전에 마지막으로 정리를 해야 할 일들이 너무 많았다. 버리기는 아깝지만 가지고 가기 힘든 물건들을 처리하기 위해서 차고 세일도 했다.

우리가 떠나기 하루 전날이었다. 거실에는 다음날 아침에 이삿짐 차에 실을 가방과 상자 들이 산더미처럼 쌓여 있었다. 저녁에 우리 가족은 힘들게 보낸 하루의 피곤을 풀려고 현관 그네 의자에 앉아서 쉬었다. 베커 씨가 문을 나와서 한참 동안 서 있다가 천천히 움직이는 것이 보였다. 내가 말했다.

"한참 동안 베커 아저씨를 못 봤어요. 떠나기 전에 인사를 드려야 할 것 같아요."

어머니가 말씀하셨다.

"그럴 필요가 없을 것 같구나. 그가 우리 집으로 오고 있다."

확실히 베커 아저씨는 양배추 밭을 지나 우리 집으로 왔다. 그는 큰 상자 하나를 들고 왔다. 대문을 들어서면서 그는 손으로 모자를 살짝 들고 인사했다.

"안녕하세요? 마거릿 여사, 그리고 프레드 씨."

그는 나를 보며 말했다.

"얘야, 이제 떠나는구나."

아버지가 말씀하셨다.

"좀 올라와서 앉으시지요."

베커 씨는 고개를 가로저었다.

"밭에 풀을 매야 해요."

그는 계단 위에 상자를 내려놓으며 내게 말했다.

"너, 내일 기차 타고 가면서 먹으라고 가져왔다."

도매상에서나 파는 큰 과자 상자였다. 베커 아저씨는 조금 망설이다가 손을 내밀어 내 어깨를 두드려주었다. 그는 우리 부모님에게 인사를 하고 내가 미처 감사의 인사를 전하기도 전에 돌아서서 자기 농장으로 터벅터벅 걸어갔다.

어머니가 물었다.

"너, 그게 뭔지 아니?"

"아뇨. 아마 과자 아닐까요?"

어머니가 말씀하셨다.

"그게 과자라면 꽤 오랫동안 먹겠네."

기차로 이사를 하는 일은 재미있기도 했지만 아주 번거로웠다. 어떤 짐은 우리가 타고 가는 객실에 놓을 수 있었지만, 어떤 짐은 화물칸에 실어야 했다. 드디어 기차가 출발했고 식당차에서 점심을 먹은 뒤 나는 어제 베커 아저씨가 준 상자를 꺼냈다. 어머니가 말씀하셨다.

"너무 많이 먹지 마라. 저녁 못 먹는다."

나는 묶었던 끈을 풀고 뚜껑을 열었다. 한참 동안 상자를 뚫어지게 바라보았다. 그리고 뚜껑을 덮으면서 어머니를 쳐다보았다. 어머니가 말씀하셨다.

"과자 아니네."

나는 목이 메어서 말을 못 하고 고개만 가로저었다. 베커 아저씨의 모습을 떠올리다가 그 순간 그가 고랑을 따라 평행선으로 나를 따라오면서 늘 어느 정도 거리를 두었다는 사실을 깨달았다. 그는 내게 도망칠 시간을 주었던 것이다. 나는 그가 밤에 부엌에 혼자 앉아 있는 모습을 떠올렸다. 개를 키우면 동무 삼을 수도 있었을 텐데 개를 키우지 않았다. 나는 그가 왜 개를 키우지 않았는지 그 이유를 이제야 알았다. 개가 나를 양배추 밭에 들어오지 못하게 하거나 물까 봐 염려해서 개를 키우지 않았던 것이다.

눈물이 났다. 눈물을 감추려고 창문 밖으로 스치는 풍경을 바라보았지만 아무것도 볼 수 없었다. 어머니가 상자를 열어보았다. 칙칙폭폭 거리는 기차 소리 사이로 어머니가 외치는 소리를 들었다.

"하느님, 맙소사! 여보, 이것 좀 봐요. 이렇게 큰 양배추가 있다니!"

아버지도 감탄하며 말씀하셨다.

"존이 품평회에 출품하면 최우수상을 받을 물건을 폴에게 주었군!"

위험한 불장난

해리 밀스 이모부와 메리언 이모 댁은 필라델피아의 12번 가와 그린 가가 만나는 사거리에 있었다. 이모네는 4층 건물을 소유했는데, 1층에는 해리 이모부가 운영하는 식료품 가게와 푸주간이 있었고, 나머지는 식당으로 사용했다.

2층과 3층은 가정집이었다. 4층은 거의 사용하지 않았고 소파 하나와 의자 몇 개 말고 다른 가구는 없었다. 2층과 3층에는 욕실이 딸린 화장실이 있었고, 화장실에서는 벽에 높이 매달린 물탱크에서 물이 내려와 변기를 씻어주었다. 파이프가 벽을 타고 연결된 물탱크는 테두리에 구리를 씌운 나무로 만들어져 있었다.

비어 있는 4층은 우리의 놀이터였다. 이종사촌 이름은 태어난 순서대로 마리, 해리 2세, 마거릿, 아이린, 허버트, 거투르드였다. 허버트가 나와 동갑이었고, 거투르드가 두 살 아래였다. 열아홉 살인 해리는 정식으로 총기 소지 허가증을 갖고 있었다. 그는 허리에 권총을 차고, 단숨에 총을 빼들고는 가상의 적 앞에 총을 들이대며 위협하는 시늉을 하면서 우쭐대고 다녔다. 그는 내게 "손들어. 넌 체포되었다"라며 장난을 치기도 했다.

나폴레옹이라는 이름의 고양이가 있었다. 늙고 지저분한 고양이는 늘 집 안을 어슬렁거렸다. 나는 왠지 그 녀석과 잘 사귀지 못했다.

어느 날 3층에서 4층으로 올라가는 층계에서 해리가 권총을 빼 들고 말했다.

"너 권총 사용하는 법 안 배울래? 비상시를 대비해서 배워두는 게 좋을 거야."

언제 그 총을 사용하게 될지, 또 총을 사용해야 하는 상황이 과연 올지 전혀 알 수 없었지만 해리 형이 가르쳐준다면 마다할 이유가 없었다.

해리 형이 말했다.

"먼저 총알을 빼내야 해. 너는 나처럼 전문가가 아니니까 총알이 장전된 상태에서는 절대로 가지고 놀면 안 돼."

그는 폼을 잡으며 한 손으로 권총을 꺾어서 탄창을 빼내 다시 끼우는 시범을 보여줬다. 마치 서부 영화 속의 총잡이처럼 탄창을 재고 손가락으로 총을 한 바퀴 돌리고서 허리에 꽂았다가 다시 빼서 내 배를 겨누고 방아쇠를 잡아당겼다. 그는 두세 번 반복해서 시범을 보였다.

"나는 폼 나게 한번 손을 꺾고 총을 빼지만, 너는 그럴 필요 없어. 바로 빼서 겨누면 돼. 알았지?"

그는 총을 건네주며 말했다.

"자, 이제 네가 해볼래?"

바로 그 순간 나폴레옹이 우리를 바라보며 층계로 올라왔다. 나는 벨트에서 총을 꺼내어 아주 정확하게 고양이를 겨누었다. 두 눈 사이를 향해 방아쇠를 당겼다. 고양이는 공중으로 50센티미터가량 붕 뜨더니 풀썩 떨어져 나뒹굴었다. 좁은 층계를 타고 울리는 총소리에 귀가 먹는 줄 알았다. 나는 너무 놀라서 그 자리에 총을 떨어뜨렸다. 해리 형도 놀라서 입을 다물지 못하고 서 있었다. 할머니가 방에서 뛰쳐나오고 이모부와 이모도 가게에서 뛰어 올라왔다. 나는 본능적으로 빨리 숨거나 그 자리를 피해 달아나려고 했지만 도망갈 곳이 없었다. 해리 형이 내 위쪽에서 층계를 가로막았고, 층계 아래에는 나폴레옹이 널브러져 있었다.

"정말 탄창이 빈 줄 알았어."

해리 형은 계속 변명하면서 탄창을 빼내 총알의 개수를 세어보았다. 할머니가 한쪽으로 고개를 돌리며 말씀하셨다.

"물이 새는 소리가 들린다."

우리는 모두 집을 둘러보았다. 총알은 나폴레옹을 관통한 뒤 층계를 지나 벽을 뚫고 2층 화장실 물탱크를 통과해 물탱크 속에 들어가 있었다. 방은 온통 물난리였다.

필라델피아에서 지내는 동안, 비가 오는 궂은 날에는 일이 더 꼬였다. 비가 부슬부슬 내리던 어느 날, 나는 허버트와 함께 재미있는 놀이를 찾고 있었다. 시애틀의 레버나 공원에서 있었던 일을 기억하며 나는 허버트에게 감자를 구워 먹자고 했다. 우리는 아래층 이모부의 식료품 가게에서 감자 두 개와 사과 몇 개와 과자 한 봉지를 슬쩍 훔쳤다. 불 지필 땔감이 없어서 다시 가게에 내려가서 이모부에게 빈 사과 상자를 달라고 했다. 평소에도 처치 곤란한 나무 상자를 달라고 이모부를 졸라대곤 했던 터라, 이번에도 이모부는 두말없이 사과 상자를 내주었다. 우리는 4층 마룻바닥에서 사과 상자를 쪼개어 땔감을 만들었다. 나는 부서진 널빤지 조각을 불쏘시개로 사용하면서 큰 나무 밑동에 불이 붙었던 레버나 공원 화재 사건을 기억했다.

"마룻바닥에 불이 붙지 않게 밑에 받칠 것을 찾아야겠다."

허버트가 말했다.

"기다려. 어떤 게 좋은지 말아."

그는 달려 내려가더니 사기로 만든, 크고 둥근 부서진 세면 용기를 가져왔다. 그 위에 불을 지피면 안전할 것 같았다. 우리는 불을 피우고 불이 활활 탈 때, 감자를 넣었다. 그런데 연기가 엄청나게 뿜어 나왔다. 허버트가 다락방에서 난로 연통을 가져와 서로 연결했는데 연통 길이가 조금 짧아서 창문턱까지 닿지 않았다. 의자로 연통을 받치고 창문을 활짝 열자 연기가 밖으로 잘 빠졌다.

땔감이 좀 부족해서 뭐 다른 것이 없는지 찾아보려고 할 때, 소방차가 왱왱거리며 달려오는 소리가 들렸다. 4층 바깥 창문은 굳게 닫혀서 열리지 않았다. 우리는 창문에 코를 박고 밖을 내다보았다. 소방차는 바로 집 앞에서 멈췄다. 허버트가 중얼거렸다.

"무슨 일이지?"

소방관들이 밖으로 난 비상 계단을 타고 올라왔다. 우리는 그들에게 손을 흔들어주었다. 그들도 우리에게 손을 흔들었다. 다른 소방관 한 사람이 아주 긴 사다리를 벽에 대고 올라와 사다리 꼭대기에서 우리를 보며 소리쳤다.

"창문을 열어라."

우리도 소리쳤다.

"안 열려요. 꿈쩍도 안 해요."

소방관은 어깨에 메는 가방에서 도끼를 꺼냈다. 그는 도끼로 창문 유리창을 깨고, 창틀에 박힌 유리 파편을 모두 제거한 후 말했다.

"이제 괜찮다. 차례로 나와서 사다리에 발을 딛고 내려와라. 겁먹지 말고. 잡아줄 테니."

내가 물었다.

"왜 그러세요?"

비상 계단으로 올라온 소방관들은 물 뿌리는 호스를 잡고 사방으로 물을 뿌렸다. 불이 소리를 내면서 꺼졌다. 재가 된 불덩이들이 감자와 함께 사방에 흩어졌다.

나는 소리를 질렀다.

"무슨 일인데 그러세요?"

우리는 아직도 물을 뿜어대는 호스를 보면서 어처구니없는 일이 벌어졌음을 알았다.

거리를 지나가던 어떤 사람이 4층 창문에서 연기가 자욱하게 나는데 연통이 없으니까 불이 난 줄 알고 신고를 했고, 소방차는 달려와서 최선을 다해 신속하게 진화 작업을 한 것이다. 소방관들은 진상을 알고는 매우 언짢은 표정으로 돌아갔다. 허버트는 해리 이모부에게 두들겨 맞았고, 나도 어머니에게 단단히 꾸중을 들었다.

봉봉 초콜릿 과자

우리 가족은 필라델피아의 이모부 댁에서 2년 정도 함께 살다가 필라델피아 북쪽 교외에 조그만 집을 장만하여 따로 살게 되었다. 이사를 하고 얼마 뒤에 아버지가 유럽에서 돌아왔지만 필라델피아에서는 아무 일도 시작하지 않았다. 오래지 않아서 아버지는 다시 유럽으로 떠났고 몇 달이 지나서야 소식을 보내왔다.

우리 가족은 경제적인 어려움을 겪었다. 그동안 아버지가 벌어주는 돈으로 가계를 꾸려나가기에는 턱없이 부족했고 어머니도 마땅한 벌이가 없었다.

그즈음, 프랑스에서 과자 굽는 비법을 전수받은 사람이 고급 과자 만드는 방법을 강의한다는 신문 광고가 났다. 강습비는 1천 달러로 프랑스 과자와 크림 만드는 법, 식후 디저트로 먹는 봉봉이라는 초콜릿 과자와 여러 가지 고급 과자를 만드는 비법을 전수한다는 내용이었다. 어머니는 친구에게 1천 달러를 빌려서 수강 신청을 했다. 어머니는 본래 음식 솜씨가 뛰어났고 요리하는 것을 좋아했다. 게다가 이제 이 일이 생활고를 해결해줄 거라는 기대로 어머니는 아주 열심히 배웠고, 배운 것을 매일 집에서 실습했다.

강습을 다 끝내기도 전에 어머니는 초콜릿 봉봉 과자와 크림 과자 등 특별한 과자를 집에서 만들었다. 나는 그것을 자전거에 싣고 집집마다 다니면서 시식해보고 주문해달라고 부탁하면서 팔러 다녔다. 매일 방과 후, 숙제를 마치고 바로 필라델피아의 여러 구역을 정해서 그 일을 했다. 지도에 이미 다닌 곳과 앞으로 다닐 곳을 표시하고, 되도록이면 한 군데도 빠지지 않도록 인근의 여러 구역을 돌아다녔다. 주중에는 주문을 받으러 다니고, 토요일과 일요일 오전엔 어머니가 과자 만드는 것을 도왔으며, 일요일 오후에는 주문받은 것을 배달했다.

과자를 파는 방식은 단순했지만 아주 실리적이었다. 집집마다 초인종을 눌러 사람이 나오면 맛보기 과자 상자를 주면서 몇 종류의 과자를 맛보게 했다. 과자를 주문하면 직접 배달해주겠다고 했다. 가끔 맛도 보지 않고 문을 닫는 사람들도 있었지만 대부분은 맛을 보고는 맛있다며 칭찬을 해주고, 더러는 주문을 했다. 주문을 하는 사람에게는 약간 선불을 받고 카드와 볼펜을 주면서 이름과 주소와 원하는 과자의 종류와 양을 적게 했다. 얼마 지나지 않아 과자는 상당히 잘 팔려서 3일만 주문을 받으러 다녔고 다른 날 오후에는 어머니가 과자 만드는 것을 도왔다.

얼마 지나지 않아서 우리는 아버지가 보내주는 돈에 의지하지 않고 살 수 있게 되었다. 어머니는 내가 고등학교를 졸업하면 진짜 멋진 제과점을 함께 개업하자고 했다. 내가 도와주지 않으면 어머니 혼자서는 제과점을 운영할 수 없을 것이다. 나는 기꺼이 그 제안에 동의했고, 어머니에게 제과점 개업에 대비해서 과자를 팔 때마다 조금씩 일정 수익금을 모으자고 했다. 그러나 내가 고등학교를 마치려면 아직 몇 년을 더 기다려야 했다. 그때 내 나이는 겨우 열세 살이었다.

어머니는 여윳돈이 생기는 대로 과자 굽는 장비를 구입했다. 처음 구입한 것은 밑이 둥근, 구리로 만든 과자 굽는 작은 틀이었다. 그 다음엔 과자의 온도를 정확하게 잴 수 있는 온도계, 이어서 캐러멜 바라고 불리는, 크기가 다른 막대 여러 개가 달린 기계와 대리석으로 된 석판을 구입했다. 두께가 5센티미터가 넘는 대리석 석판은 너무 무거워서 나 혼자서는 한쪽 끝도 들지 못했다. 우리는 그 석판을 부엌 탁자 위에 올려놓았다. 어머니는 주로 그 석판 위에서 여러 가지 모양의 과자 반죽을 만들고, 과자 반죽에 딱딱한 막대를 넣어서 당시 유행하던 장난감 모양의 막대 사탕을 만들었다.

우리는 식사도 석판 위에서 했다. 석판이 너무 무거워 쉽게 움직일 수가 없으니 어쩔 수 없었다. 식당은 과자를 만들어 굽고

포장을 하는 방으로 바뀌었다. 주문받은 과자는 나무판과 벽돌로 만든 선반 위에 쌓아두었다. 누나 캐럴도 함께 살았지만 다른 일에 바빠서 과자 만드는 일을 돕지 않았다. 남자 친구 만나고 파티에 가고 영화를 보러 가는 일이 훨씬 재미있을 나이였다. 형은 집에 없었다. 벌써 오래전부터 뉴욕에서 직장에 다녔다. 형은 특별한 일이 없으면 집에 잘 오지 않았다.

어머니는 드디어 아주 특별한 과자를 굽는 커다란 기계를 구입했다. 연료는 가스를 사용하지만 전기 점화 장치로 불이 붙는 커다란 난로 같은 기계였다. 부엌은 너무 좁아 그 기계를 둘 만한 공간이 없어서 식당 한쪽 구석에 설치했다.

우리는 몇 년 동안 계속 과자를 구워서 팔았다. 더는 주문을 받으러 나갈 필요가 없었다. 한번 구입한 사람들이 계속 주문을 했고, 입소문이 나면서 주문이 밀려들었다. 과자 만드는 일 말고도 나는 집에서 멀지 않은, 전자 제품을 파는 가게에서 아르바이트를 했다. 방과 후부터 저녁 먹을 시간까지 어머니를 도와서 과자를 만들었고, 저녁 식사 후에는 그 가게에서 10시까지 일했다.

그즈음, 아버지가 집에 돌아왔다. 아버지에게 어떤 일이 있었는지 모르지만 전보다 화를 더 잘 내고 늘 못마땅한 표정이었다. 우리가 과자 만드는 일을 하는 것에도 불만이 많았다. 그는 소리를 지르며 이렇게 말하기도 했다.

"이건 집이 아니라 공장이잖아. 나는 부엌이 아니라 식당에서 밥을 먹고 싶단 말이야. 이런 묘비 같은 돌덩이 위에서 밥을 먹고 싶지 않아!"

사소한 사건들이 벌어졌다. 초콜릿 봉봉 과자 포장지를 잘 건조시키려고 선반 위에 올려놓았는데 번번이 마룻바닥에 떨어져 있었다. 아버지에게 말대꾸를 하거나 비위를 상하게 하는 일 없이 늘 순종적인 어머니가 한번은 어디서 그런 용기가 났는지 단호하게 말씀하셨다.

"여보, 당신에게 분명히 말하는데 이런 어리석은 짓을 다시 하면 그땐 가만있지 않겠어요."

아버지는 놀라서 반문했다.

"당신, 지금 내게 어리석은 짓이라고 했소? 뭐가 어리석은 짓이라는 거요?"

어머니가 단호히 말씀하셨다.

"당신이 더 잘 알잖아요. 초콜릿 봉봉 과자 포장지 말이에요. 당신이 가족을 부양하지 못할 때, 이 과자가 우리 가계를 지탱하게 해주었어요. 더는 과자 만드는 일에 시비하지 말아요. 이건 내 일이고, 나는 계속 이 일을 할 거예요."

어머니는 깊이 한숨을 쉬고는 계속 말씀하셨다.

"더 방해하는 건 용납 못 해요. 알았죠?"

아버지는 어머니에게 아무 대답도 하지 않았다. 아버지는 입을 다물고 밖으로 나갔다.

사격 연습

필라델피아에 있는 우리 집에서 그리 멀지 않은 곳에 골짜기가 있었고, 그 골짜기를 따라서 철길이 있었다. 아주 커다란 목재를 쌓아두는 야적장이 철길과 주택가의 경계를 이루었다.

그때 나는 길 건너에 사는 아이와 친한 친구가 되어 매일 함께 어울려 다녔다. 친구의 이름은 버트 비어맨이었다. 우리는 이제 작은 권총 모양 장난감 총은 재미가 없을 나이가 되었고, 꽤 성능이 좋은 장난감 공기 소총을 가지고 있었다. 우리는 그 소총으로 총 쏘는 놀이를 했다. 총을 쏠 만한 적당한 장소를 물색하려고 목재 야적장을 지나고, 철길을 건너 길을 따라 1킬로미터쯤 걸어가자 울타리 없는 숲이 나왔다.

어느 날, 조금 늦은 오후 그 숲에서 빈 캔과 병과 소나무 꼭대기에 달린 솔방울을 쏘며 놀다 보니 어느새 날이 저물었다. 내 사격 솜씨는 어느 정도 수준에 도달했다. 웬만한 목표물은 백발백중이었다. 우리는 너무 늦게 집으로 돌아갔다. 철길이 가까웠을 때는 완전히 깜깜해졌다. 건널목 가까이 오자, 멀리서 기차가 경적을 울리며 달려오는 소리가 들렸다. 우리는 기차가 지나가는 것을 보려고 선로 옆에 쌓아둔 둑 위에 웅크리고 앉았다. 우리는 화물 열차의 맨 뒤칸에 달린 붉은 등을 보았다.

"폴, 네가 총을 아무리 잘 쏴도 저 등을 맞혀서 끌 수는 없을 거다."

버트가 말했다.

"그래? 그럼 어디 잘 봐."

나는 우쭐대며 말했다.

화물차의 맨 뒤칸 열차가 지나갈 때 나는 그 등을 향해 소총을 겨누었다. 그러나 내 앞을 지나는 열차의 등을 맞힐 수는 없었다. 그런데 화물 열차 맨 뒤의 승강구에도 붉은 등이 하나 달려 있었다. 나는 조준을 하면서 말했다.

"승강구에 있는 등을 맞혀볼게."

총을 쏘자, 붉은 등이 꺼지고 번쩍하면서 노란 불꽃이 튀었다. 우리는 비명 소리를 들었고, 노란 불꽃은 하늘로 활처럼 곡선을 그리며 날아가 선로에 떨어졌다. 불꽃은 선로에 부딪히면서 굉장히 밝은 빛을 내며 타버렸다. 처음에는 어둠 속이어서 잘 몰랐는데 화물 열차의 승무원이 바로 승강구 옆에서 등을 잡고 서 있다가 날벼락을 당한 것이었다. 정확히 등을 맞혔기 때문에 다치지는 않았지만 놀라서 기겁을 했을 것이다. 우리도 놀랐다.

우리는 철길을 건너서 쏜살같이 도망쳐 집으로 왔다.

어느 날 나는 혼자 소총을 들고 철길을 따라 걷고 있었다. 집으로 돌아오는 길에 납으로 만든 큰 전화 수송선 위에 나뭇잎과 이끼가 쌓인 것을 보았다. 짐작컨대 장거리 전화를 연결하는 본선 같았다. 지름이 10센티미터가 넘었다. 나는 소총을 조준하여 전화 수송선을 덮은 이끼를 쐈다. 조준한 목표물은 빗나가고 납으로 된 선에 맞았다. 총알은 선에 튕겨나가면서 불꽃을 만들었다. 그것이 재미있었다. 그래서 이번에는 아예 선을 조준하고 총을 쐈다. 또다시 불꽃이 튀었다. 나는 1, 2미터 간격을 두고 계속 총을 쏘면서 불꽃이 튀는 것을 즐겼다. 그 놀이가 시들해지자 집으로 돌아갔다.

토요일인 다음날, 버트가 말했다.

"전화국 직원들이 전화선 교체하는 것 보러 가자."

내가 물었다.

"무슨 선 말이야?"

"철로 옆에 전화 수송선들이 떨어져나갔대. 수리하는 사람들이 많이 나왔어. 구경 가자."

우리는 목재 야적장을 지나 골짜기 아래로 내려갔다. 수많은 사람들이 문제의 전화 수송선을 자르고 있었다. 바로 전날 내가 총으로 쐈던 그 구역이었다. 절단된 굵은 선 안에는 가는 선이 몇백 가닥이나 들어 있었다. 어떤 사람의 목소리가 들렸다.

"이 짓을 한 마귀 같은 녀석을 잡기만 해봐라, 이 선으로 목을 매달아버릴 거야."

나는 사람들이 새 선으로 교체하는 작업을 바라보며 아무 말 없이 가만히 서 있었다. 그들이 찾는 마귀 같은 녀석이 바로 나라는 사실을 버트에게도 말하지 않았다.

흐르는 전류

나는 어린 시절부터 음악을 좋아했다. 열세 살 때부터는 좋아하는 교향곡의 레코드판을 수집했다. 나는 고전 음악을 좋아했지만 어머니는 주로 〈Believe me, If All Those Endearing Young Charms(그대들이 젊고 사랑스러운 이들이라면, 나를 믿어 줘요)〉라는 아일랜드 민요나 〈Silver Threads among the Gold(금발 속의 은빛 머리)〉와 같은 감미로운 옛날 노래를 좋아했다. 또 어머니는 오페라 아리아도 좋아했는데, 특히 이탈리아 출신 소프라노 아멜리타 갈리-쿠르치의 열렬한 팬이었다. 우리 집에는 축음기 통 옆에 손으로 돌려서 동력을 일으키는 손잡이가 달린 축음기가 있었다. 축음기의 음관은 알루미늄으로 만든 신형이었다.

나는 전자 제품 가게에서 아르바이트를 하면서 전기 모터를 레코드 회전반에 연결하면 축음기를 돌릴 동력을 만들 수 있다는 것을 알게 되었다. 나는 자석과 선을 연결하여 전기를 발생시키는 원리를 배웠다. 그리고 축음기의 픽-업이 작동하도록 설치했다. 큰 전자 제품 가게에서는 레코드 회전반을 돌릴 수 있는 모터도 팔았다. 나는 모터와 픽-업을 위한 축음기 음관과 진공관이 달린 확성기와 스피커를 샀다. 축음기에서 손으로 돌리는 동력기를 떼어내고 모터와 다른 부품들을 맞추어 다시 조립했다. 그렇게 해서 전기로 작동하는 축음기를 집에 설치했다. 비록 오늘날의 최신 오디오 기기와는 비교할 수 없지만, 당시의 손잡이가 달린 구형 축음기와 비교하면 내가 만든 전기 모터 축음기 소리는 마치 콘서트홀에서 교향곡을 듣는 것처럼 황홀했다.

나는 작동 준비를 끝내고 어머니에게 새 축음기를 보여주었다. 기계의 부품을 다 보여주고 말했다.

"엄마, 이제 축음기를 들을 때 손잡이를 돌리지 않아도 돼요."

나는 어머니가 좋아하는 레코드판을 올려놓고 작동시키면서 말했다.

"이 조그만 스위치 하나만 누르면 돼요."

소리가 나자, 어머니는 놀라움을 감추지 못했다. 음량이 이전 기계보다 훨씬 풍부해서 이제는 부엌이나 식당에서 일을 하면서도 음악을 들을 수 있었다.

몇 주 동안 어머니는 새 기계에 빠져서 하루 종일 축음기를 틀어놓고 지냈다. 그러던 어느 날 저녁, 어머니의 친구가 저녁식사를 하러 왔다. 그는 큰 종이 상자 회사 사장인 카터 씨였다. 어머니가 카터 씨 회사의 과자 상자를 구입하면서 서로 알게 되었고, 곧 친한 친구가 되었다. 카터 씨는 가끔 저녁을 먹으러 와서 거실에서 음악을 듣곤 했다. 그도 나처럼 고전 음악을 좋아했고, 내게도 잘해주었다. 그는 모든 일에 관심이 많았다.

그날 저녁식사 후, 어머니가 말씀하셨다.

"월터, 보여줄 게 있어요. 아마 보면 놀랄 거예요."

어머니는 축음기가 있는 쪽으로 가더니 스위치를 눌러서 축음기를 켰다. 어머니는 아주 자랑스럽게 말씀하셨다.

"이 소리를 들어봐요. 진짜 교향악을 듣는 것 같아요."

어머니는 내 이름을 언급하며 목소리에 힘을 주어 말씀하셨다.

"폴이 이걸 만들었어요."

음악이 흘러나오자 카터 씨는 일어나 축음기를 살펴보았다. 그는 칭찬을 아끼지 않았다.

"정말 훌륭해요. 소리가 아주 좋아요."

그는 자세히 살피면서 말했다.

"어떻게 이런 소리가 나오게 했니?"

내가 대답했다.

"진공관으로 된 확성기와 전자 자석 스피커를 사용했어요."

카터 씨가 다시 물었다.

"소리가 어떻게 확성기로 전달되지?"
"다른 전자 자석 동력기를 사용했어요."
내가 자세히 설명했다.
"딱딱한 고무 막대 주위에 작은 코일을 여러 번 감았어요. 고무 막대 한쪽 끝에 바늘 지지대가 걱쇠처럼 꺾이면서 연결되게 하고, 고무 막대 다른 쪽 끝에선 두 개의 자석 사이에서 꺾이도록 연결했지요. 바늘이 레코드 판 위에서 움직일 때, 코일이 함께 움직이면서 자석을 통해 발생한 전류가 확성기로 흘러 작동이 되게 했어요."
카터 씨는 감탄하며 말했다.
"폴, 너 정말 똑똑하구나. 너 혼자 이것을 고안한 거니?"
어머니는 전혀 이해 못 하겠다는 표정으로 우리를 번갈아 쳐다보며 고개를 갸우뚱했다.
내가 대답했다.
"픽-업은 제가 만들었어요. 확성기, 스피커, 전기 모터 등은 이미 만들어진 것을 사서 조립했고요."
어머니는 전기 모터라는 말에 깜짝 놀랐다. 전기가 발생하고 전류가 흐르는 현상은 어머니가 이해하기에는 너무 난해한 두려움의 대상이었다. 행여 감전이 될까 봐 전등을 켜려고 스위치를 올리는 것도 아주 조심하는 분이었다. 어머니가 물었다.
"지금 내 축음기에 전류가 흐른다는 말이냐?"

카터 씨가 말했다.

"마거릿, 물론이지요. 전기 동력이 레코드를 돌리지요. 바늘이 자석 사이에서 전류를 일으켜 확성기로 전달되고, 확성기에서 스피커로 연결되어 소리가 나오는 것이지요. 정말 대단해요. 폴은 정말 똑똑한 아이예요."

어머니가 물었다.

"이 축음기 안에 사방으로 전류가 흐른다고? 강한 전류가 바늘에서도 흐른단 말이지?"

내가 대답했다.

"맞아요, 엄마. 하지만 절대 안전하니까 염려 마세요."

어머니는 단호하게 말했다.

"폴, 내 축음기에서 전기를 일으키는 부품들을 다 떼어내고, 본래대로 해놓아라."

어머니의 표정은 심각했고, 입술이 파르르 떨렸다.

카터 씨가 설득하려고 했다.

"마거릿, 그게 아니고……."

"월터, 당신은 상관하지 말아요. 나는 내 축음기에 전류가 흐르는 것은 절대 용납 못 해요. 더는 아무 말 말아요."

카터 씨는 내 얼굴을 쳐다보며 어깨를 한번 으쓱했다.

그날 밤, 카터 씨는 집으로 돌아가면서 내게 명함을 꺼내 뒷면에 무엇인가를 적어주었다.

"폴, 이번 토요일에 내 사무실에 올 수 있니?"

내가 고개를 끄떡이자 그는 명함을 주며 말했다.

"사무실에 와서 내 비서에게 이 명함을 보여주면, 그녀가 나를 불러줄 거다."

다음날 나는 어머니가 원하는 대로 축음기에서 새 부품을 모두 떼어내고 원상복구를 했다. 꽤 시간이 걸렸다. 수동 모터를 버리지 않고 그대로 둔 게 다행이었다.

토요일 아침에 나는 카터 씨의 공장에 가서 비서에게 명함을 내밀었다. 잠시 후 카터 씨가 나오더니 악수를 청하며 말했다.

"너, 함께 우리 집에 좀 가자."

그는 나를 자동차에 태우고 자기 집으로 데리고 갔다. 거실에는 아주 좋은 축음기가 놓여 있었다. 당시 최고급품이었던 빅터 사 제품이었다. 그가 물었다.

"너, 이 안에 전기 모터와 자석을 이용한 픽-업 등을 넣어서 네가 만든 것처럼 다시 만들 수 있겠니?"

나는 고개를 끄떡이며 대답했다.

"할 수 있을 것 같아요."

그가 물었다.

"그 일을 하는 대가로 얼마를 주랴?"

나는 재빨리 계산을 했다. 부품 값은 모두 15달러 정도면 될 것 같았다. 나는 숨을 깊이 들이쉬고 말했다.

"이시-입······."

나는 카터 씨를 쳐다보았다. 그는 전혀 놀라는 기색이 아니었다. 나는 좀 센 가격이라고 생각했지만 내친김에 말해버렸다.

"-오 달러요."

그는 내 말을 따라하며 말했다.

"25달러? 바로 작동이 가능한 가격을 말하는 거지? 그래 알겠다."

너무 가격을 높게 부른 것 같아서 가슴이 뛰었지만 스스로 진정시키며 말했다.

"예—."

그는 손을 내밀었다. 그가 만족한 듯이 말했다.

"그럼 그렇게 하기로 나와 계약을 한 거다. 계약금으로 미리 얼마를 줄까?"

나는 침을 삼키고 혀로 입술을 적시며 말했다.

"예, 그렇게 해주세요."

카터 씨는 책상으로 가더니 수표책을 가지고 와서 한 장을 뜯어 금액을 적어서 내게 주며 말했다.

"50퍼센트를 먼저 주마. 나머지는 일을 마친 후에 주기로 하고."

수표는 수취인이 내 이름으로 되어 있었고, 12달러 50센트짜리였다. 그가 물었다.

"언제 할 수 있겠니?"

내가 대답했다.

"다음주 토요일은 어떠세요?"

카터 씨가 말했다.

"토요일, 좋아. 직접 여기로 오면 내 아내가 문을 열어줄 게다. 시간은 얼마나 걸리겠니?"

내가 대답했다.

"하루면 충분해요."

그 다음주에 나는 카터 씨 집에 가서 축음기에 전기 모터를 다는 일을 했다. 빅터 사 축음기에 달린 동력을 떼내고, 내가 가져간 전기 모터와 다른 부품들을 조립해서 달았다. 일을 끝내고 카터 아주머니가 해주는 점심을 먹은 후 연장을 챙기고 있을 때, 카터 씨가 친구 몇 명과 함께 돌아왔다. 잠시 후에 서너 명의 친구가 더 찾아왔다. 카터 씨가 물었다.

"폴, 잘 설치했지? 틀림없이 음악이 나오는 거지?"

"예."

"자, 그러면 우리 한번 폴이 만든 축음기 소리가 어떤지 들어봅시다."

나는 레코드판을 얹고 바늘을 판에 올려놓았다. 카터 씨가 사람들에게 말했다.

"자, 이제 축음기를 켤 테니 잘 들어보세요. 정말 놀라운 소리를 듣게 될 겁니다."

사람들은 축음기 소리를 들었다. 몇 사람은 축음기에 다가가서 레코드판이 돌아가는 것과 바늘이 판의 홈을 따라 움직이는 것을 유심히 바라보았다. 카터 씨는 자기 책상에 가더니 수표를 한 장 더 썼다. 그리고 좀 과장된 몸짓을 하며 건네주었다.

"폴, 이 수표를 주머니에 넣어라. 나머지 대금이다."

그가 준 수표를 보니 액수가 적힌 곳이 안쪽으로 접혀 있었다. 그가 친구들에게 말했다.

"자, 여러분, 이 축음기를 어떻게 생각하십니까?"

찬사가 쏟아졌다. 그들은 정말 소리가 좋다고 생각하는 것 같았다. 카터 씨가 계속해서 말했다.

"여기 있는 전기의 천재 폴이 주문을 받아 축음기를 새로 설치해줄 겁니다. 물론 원하는 분들께만 특별히 해줄 겁니다."

나는 깜짝 놀라서 그를 바라보았다.

"싸지는 않아요. 그렇다고 비싼 가격도 아닙니다. 2백50달러입니다. 모든 것이 다 포함된 가격입니다. 부품과 설치 비용과 시범 작동 비용까지 다 포함된 가격입니다. 아, 그리고 주문하실 분은 가격의 50퍼센트를 미리 계약금으로 지불해야 합니다."

나는 벌어진 입을 다물지 못한 채 카터 씨를 쳐다보았다. 나는 기절할 뻔했다. 너무 놀라서 무슨 이야기가 더 오갔는지 듣지 못했다. 카터 씨가 나를 배웅할 때 내 주머니에는 이름과 주소가 적힌 주문서 네 장과 1백25달러가 적힌 수표 네 장이 들어 있었다. 도합 5백 달러였다. 지금까지 만져보지 못한 엄청난 액수였다.

그렇게 새 사업이 시작되었다. 얼마 지나지 않아서 나는 20개가 넘는 전기 모터 축음기를 만들었다. 모두 카터 씨가 소개해준 것이었다.

카터 씨 때문에 어머니가 전기 노이로제를 일으킨 또 하나의 사건이 일어났다.

어머니는 커피를 무척 좋아했다. 하루에도 몇 잔씩 마셨다. 일어나자마자 잠옷을 입은 채로 부엌에 가서 커피 물을 올려놓고 다시 2층으로 올라가 옷을 갈아입고 내려오면, 커피가 적당히 끓어 있었다.

우리 집 가스레인지는 표준형이었다. 가스 연결선이 다섯 개의 자기 손잡이로 된 레인지 앞에 있었다. 네 개는 위의 버너에 달렸고, 나머지 한 개는 아래에 있는 오븐용이었다. 버너에 불을 붙이려면 손잡이를 4분의 1정도 돌려야 했다.

그 당시는 가스에 불을 붙이는 점화기가 막 시중에 나올 때였다. 양쪽 끝이 포크처럼 벌어져서 구부린 두 선으로 작동하는 점화기였다. 두 선 사이에 작은 코일 선이 붙어 있었는데 콜롬비안 메탈이라 불리는 재료로 만들어졌다. 콜롬비안 메탈은 가스가 흐르면 빨갛게 달구어져서 불을 붙일 수 있는 특수한 재질이었다. 콜롬비안 메탈이 달구어지면 바로 가스레인지에 불이 붙었다. 레인지에 불을 붙이기 위해 성냥이 필요 없었으니 아주 편리했다.

이 점화기를 보고 나는 아이디어를 얻었고 새로운 설비를 만들었다. 우선 솔로노이드 코일을 구부려서 버너 뒤에 있는 밸브에 고정시키고 코일이 통과할 수 있을 만큼 밸브를 적당히 조여서 연결했다. 그리고 콜롬비안 메탈 손잡이를 구부려서 버너의 한쪽에 부착시켰다. 마지막에 초인종 선을 연결해 레인지 뒤에 있는 벽을 따라 2층 어머니의 침실 옆 탁자까지 뺐다. 그 다음 초인종 벨을 부착했다. 동력은 건전지를 이용했다. 다 설치하고 실험을 해보니 제대로 작동이 되었다.

그날 밤, 취침 시간이 되자 나는 어머니를 부엌으로 데리고 갔다. 나는 초인종 선과 솔로노이드 코일과 콜롬비안 메탈을 연결한 버너를 보여주며 말했다.

"주무시기 전에 커피 주전자에 물을 가득 채우고 커피를 넣은 후, 여기 이 버너 위에 올려놓으세요."

나는 주의를 드렸다.

"절대 다른 버너에 올려놓으면 안 돼요."

그리고 다시 위층에 있는 어머니 침실로 가서 초인종 버튼을 보여줬다.

"아침에 일어나서 이 초인종 벨을 누르세요. 잠옷 바람으로 부엌에 내려왔다가 다시 올라갈 필요 없이, 옷을 입고 아래층에 내려가면 커피가 다 끓어 있을 거예요."

어머니가 물었다.

"내가 벨을 누르면 현관 초인종이 울리는 것 아니냐?"

나는 설명을 했다.

"엄마, 이건 초인종이 아니에요. 초인종을 이용해 가스레인지와 연결한 것이지 현관문과는 아무 상관이 없어요."

어머니는 알았다며 고개를 끄떡였다.

어머니는 새로운 설비에 흡족해했다. 그리고 2주가 지나고 다시 카터 씨가 방문을 했다. 저녁식사를 한 후에 음악을 듣고 커피를 마시며 이야기를 나눴다. 어머니가 말했다.

"월터, 가기 전에 커피 한 잔 더 마시겠어요?"

그가 대답했다.

"그러지요."

어머니는 부엌으로 가서 주전자를 레인지의 버너 위에 올려놓고 돌아와서 말했다.

"보여줄 게 있어요."

어머니는 카터 씨를 데리고 2층 침실로 가서 초인종 버튼을 눌렀다.

"자, 이제 부엌에 내려가서 무슨 일이 일어났는지 봐요."

카터 씨는 버너를 유심히 살펴보았다. 어머니가 그에게 물었다.

"이거 놀랍지 않아요? 아침에 일어나서 버튼만 누르고 잠시 후에 내려가면 커피가 다 끓어 있어요."

어머니는 덧붙였다.

"물론 자기 전에 주전자를 미리 올려놓아야지요."

카터 씨는 나를 쳐다보며 말했다.

"솔로노이드, 그렇지?"

나는 고개를 끄떡였다.

"가스에 불은 어떻게 붙이니?"

내가 점화기를 가리키며 대답했다.

"콜롬비안 메탈 점화기를 써요."

"아, 그렇구나. 동력으로는 뭘 사용하니?"

"건전지요."

어머니는 우리의 대화를 듣고 있었다. 그때까지는 모든 것이 다 괜찮았다.

어머니가 물었다.

"건전지가 뭐냐?"

카터 씨가 말했다.

"배터리지요. 그것이 가스에 불을 붙이는 점화기가 작동하도록 전류를 흐르게 하지요."

어머니는 소리치셨다.

"전류라고?"

나는 한숨을 쉬었다.

"알았어요, 엄마."

어머니가 더 말하기 전에 내가 대답했다.

"제가 다 떼어낼 테니 걱정하지 마세요."

어머니는 명령조로 말했다.

"분명히 그렇게 해야 한다. 가스레인지에 전류가 흐르게 할 수는 없어."

어머니의 운전

어머니가 작은 포드 쿠페 승용차를 구입하고 운전을 배우기로 한 것은 내 열네 번째 생일이 막 지난 무렵이었다. 그때 어머니는 과자를 만들어 파는 일을 시작하고 한창 바쁘던 때여서 과자 만들 재료를 사러 가고 배달을 하려면 자동차가 필요했다. 자동차가 편리하기도 했지만, 어머니는 운전이 하고 싶었고 드라이브 자체에 매력을 느끼셨다. 나는 이미 2년 전에 운전을 배웠다. 그래서 내가 어머니에게 운전을 가르쳐드리기로 했다.

운전대에 앉기만 하면 어머니는 완전히 딴사람이 되었다. 부드러운 영혼은 어디론가 사라지고 세상에 무서운 것이 없는 호랑이로 변했다. 운전대가 어디로 도망이라도 갈세라 양 손으로 꽉 움켜잡은 채 좌우는 조금도 살피지 않고 오로지 앞만 똑바로 쳐다보며 운전을 했다. 어머니에게 운전을 가르쳐주기에 적합한 곳은 도시 북쪽의 넓고 한적한 길이었다. 나는 어머니를 그곳까지 태우고 가서는 운전대를 넘겼다. 어머니는 길을 따라 운전을 했다. 나는 교차로가 나오면 제일 먼저 경적을 울리라고 했다. 한참을 운전하다가 어머니가 말했다.

"교차로가 나올 때마다 경적을 울릴 필요가 뭐 있니? 다른 차들이 내가 오는 것을 아는데 괜히 기름 낭비할 필요가 없지."

나는 공손히 대답했다.

"예, 좋을 대로 하세요."

마침내 비교적 한적한 로터리에 도착했다. 내가 어머니에게 말했다.

"어머니, 로터리에 진입할 때는 오른쪽으로 돌면서 옆에서 들어오는 차를 잘 보고 양보해주면서 운전을 해야 합니다."

로터리는 넓고 가운데는 잔디밭이 있었으며 여러 가지 꽃들이 심어져 있었다. 로터리에 진입하면 당연히 오른쪽으로 가야 하는데 어머니는 왼쪽으로 핸들을 꺾었다. 로터리를 돌아오던 다른 차들과 정면으로 부딪칠 지경이었다. 핸들을 꺾기 직전에 우리 앞에 차 한 대가 서서히 다가왔다. 그러나 어머니는 핸들을 꽉 잡은 채 앞만 똑바로 쳐다보며 발은 액셀러레이터에 올려놓고 있었다.

다가오던 차는 여러 번 경적을 울렸다. 그 차는 우리 차와 부딪치지 않으려고 급하게 방향을 바꾸었다. 나는 그 순간 얼른 어머니 손에서 핸들을 뺏어 오른쪽으로 꺾었다. 이미 조금 늦어서 우리 차는 로터리 가운데 울타리를 부수며 정원으로 올라갔다.

그런 상황에서도 어머니는 내가 당신의 발을 밟았다고 야단이었다.

"너, 나를 다치게 할 작정이냐? 그리고 내 구두를 망가뜨려 놓았잖아."

"꽃밭에서 운전하면 어떻게 해요?"

우리 차는 앞바퀴 두 개를 꽃밭에 걸친 채 멈췄다.

"로터리나 교차로가 나오면 최대한 속도를 줄이고, 다른 차들을 보면서 조심해서 진입하세요."

빵! 빵! 다른 차들이 우리를 보며 계속 경적을 울려댔다. 나는 어머니에게 차를 뒤로 빼서 로터리 한쪽 옆에 세우라고 했다. 어머니는 역시나 옆에서 오는 차를 보지도 않고 후진하려고 했다. 내가 소리를 질렀다.

"옆 차 조심해요!"

어머니가 겨우 차를 후진시켜 로터리 옆에 세우며 말했다.

"내게 소리 지르지 마라."

다가오던 차에서 남자가 뛰어 내리더니 우리 차 창문으로 다가왔다. 그는 매우 화난 표정으로 손가락질을 하면서 말했다.

"아주머니, 제 차를 안 보고 그냥 달려오면 어떻게 합니까? 꽃밭으로 들어갔으니 망정이지 큰일 날 뻔했잖아요. 무슨 운전을 그렇게 하세요?"

어머니는 오히려 큰소리를 치셨다.

"그렇게 말하지 말아요. 점잖지 못하게……. 신사라면 그런 식으로 앞에 달려오면서 삿대질을 하진 않아요."

그는 기가 막혀서 입을 벌린 채 대꾸도 제대로 못 했다.

"아주머니, 아, 글쎄, 아주머니……."

그는 말도 못 하고 나를 쳐다보더니 내게 소리쳤다.

"너, 그 염병할 차 갖고 빨리 눈앞에서 꺼져."

그는 자기 차로 가서 시동을 걸고 신경질적인 경적 소리를 두어 번 내고 가버렸다.

어머니는 말했다.

"저것 봐라. 가정 교육을 제대로 받지 않은 형편없는 사람임에 틀림없다."

어머니는 최악의 운전자였지만 당신은 그 사실을 전혀 모른 채 다른 사람은 개의치 않고 제멋대로 운전을 했다. 그렇게 운전을 하면 언제라도 사고가 날 가능성이 매우 크다는 사실을 조금도 모르셨다. 그런 어머니가 겁 없이 휘파람을 불며 자동차 여행을 계획하셨다. 사고 없이 자동차 여행을 하게 된다면 그것은 하느님이 특별히 보호해주시거나 아니면 사람들이 난폭 운전에 익숙해져 어머니 같은 운전자를 무척 조심한 탓일 것이다.

나는 방학을 맞아 뉴욕에 사는 형에게 가 있었다. 어머니가 일요일에 자동차로 뉴욕에 오면 우리가 함께 그 자동차를 타고 필라델피아로 돌아올 예정이었다. 나는 어머니에게 홀란드 터널까지 오는 길을 상세히 설명했다. 어머니가 터널을 빠져 나오면 내가 터널 앞에서 기다리다가 대신 운전을 하기로 했다. 어머니는 뉴욕 시내에서는 운전을 하지 않기로 했다.

어머니가 터널을 빠져나올 시간이 다 되어갈 무렵에 나는 터널 관리 사무실에 가서 경찰에게 부탁했다.

"조금 있으면 제 어머니가 필라델피아에서 운전을 해서 이쪽으로 옵니다. 어머니는 앞만 보며 운전합니다. 차는 갈색 포드 쿠페입니다. 어머니 차가 나타나면 알려드릴 테니 차가 나타나면 호루라기를 불어서 좀 세워주십시오."

"어머니가 그런 운전을 한단 말이냐? 그것 참!"

그는 어이없다는 표정을 지었다.

"그래. 차가 나타나면 얼른 내게 알려다오. 그렇게 해주마."

잠시 후 어머니 차는 마치 병에서 튀어나오는 코르크 마개처럼 툭 튀어나왔다. 나는 경찰에게 말했다.

"바로 저 차예요."

그는 어머니 차 앞으로 가면서 손을 높이 들고 호루라기를 불었다. 그는 손가락으로 어머니를 가리키며 다가갔다. 어머니는 급브레이크를 밟으면서 핸들을 돌렸고 차는 끽 소리를 내면서 양쪽 차선을 다 점거하며 유턴하듯 돌아서 거꾸로 섰다. 경찰관은 갓길로 펄쩍 뛰어서 겨우 피했다. 어머니는 창문을 열고 오히려 큰소리를 쳤다.

"어디서 내게 손가락질을 하면서 호루라기를 불어요? 교통 법규를 어긴 것도 아닌데 사람들 앞에서 창피를 주다니 당신 도대체 무슨 권리로 그래요?"

경찰관은 얼굴이 빨개져서 화난 목소리로 말했다.

"부인, 차에서 내리세요."

어머니는 당당하게 응수했다.

"그러지 않아도 내릴 거예요. 그리고 당신 상관에게 보고할 거예요."

나는 차 운전석에 앉으며 말했다.

"좀 조용히 하세요."

어머니는 화가 나서 내게 말했다.

"조용히 하라니! 나는 아직 이 사람과 할 이야기가 남았다."

나는 차를 돌리며 중얼거렸다.

"어머니는 할 말이 없으세요."

화가 나서 우리를 쳐다보는 경찰에게 고개를 숙여 인사를 하고 떠나려는데, 어머니가 물었다.

"너, 뭐라고 중얼거렸냐?"

"여행은 즐거우셨냐고 물었어요."

"아주 좋았다. 이제 차가 많은 길이니 운전 조심해라."

내가 대답했다.

"예, 잘 알았습니다."

어머니는 화가 나서 얼굴을 붉힌 경찰관을 한 번 더 째려보고 창문을 닫았다. 그는 어머니를 노려보더니 내게 소리쳤다.
"다음번에 이 위험한 난폭 운전자를 만날 때는 터널 들어오기 전에 만나고, 다시는 이쪽으로 오지 말거라."
나는 그 경찰에게 손을 흔들어 답해주고 가능한 빨리 그곳을 벗어났다.

가출

봄이 되면 아버지는 제일 먼저, 뒷마당에 채소밭을 만들려고 내게 땅을 갈게 했다. 가족 모두가 채소를 잘 먹고 또 직접 가꾸어 먹으면 신선할 뿐만 아니라 부식비도 절약할 수 있어서 나는 가족을 위해 기꺼이 채소밭을 만들고 채소를 심었다.

어느 해, 아버지는 상당히 큰 채소밭을 만들어 여러 종류의 채소를 심었는데 특히 샐러리는 석 줄이나 심었다. 샐러리의 싹이 나오고 어느 정도 자랐을 때였다. 아버지는 오후에 나를 채소밭으로 불렀다.

"삽을 가지고 오너라."

삽을 건네받자 아버지는 흙을 파서 샐러리 둘레를 흙으로 덮고 흙더미를 만들었다. 샐러리의 잎이 흙으로 덮였다. 그러자 나머지 샐러리를 손으로 가리키며 말했다.

"다 이렇게 흙으로 덮어라."

내가 물었다.

"아버지, 왜 이렇게 해요?"

"이렇게 해주면 샐러리가 햇볕을 안 받아 더 희고 부드럽게 된다."

나는 명령한 대로 샐러리를 흙으로 덮었다.

아버지와 나는 늘 미묘한 긴장감 속에서 살았지만 그런대로 별 탈 없이 지냈다. 나는 이제 사춘기였다. 열세 살 생일이 지났고 여전히 호기심은 많았지만 이제 호기심은 주로 책에서 충족시켰다. 나는 구할 수 있는 책은 모조리 읽었다. 무슨 이유에선지 모르지만 내가 이런 독서광이 된 것이 아버지의 심기를 불편하게 했다. 아버지는 내가 안락의자에 앉아서 책을 읽고 있을 때마다 내 곁에 와서 책을 뺏어 훑어보았다. 책 겉장의 제목을 보고는 콧방귀를 뀌며 말했다.

"왜 이런 쓸데없는 책을 읽으며 시간 낭비를 하지?"

아버지는 책을 내 무릎에 던지며 말했다.

"동물에 관한 책을 읽는 게 무슨 소용이 있냐? 차라리 신문이나 읽으면 세상 돌아가는 거라도 알지."

그래서 나는 다락방에 올라가거나 지하실에서 책을 읽었다. 지하실에 내려가서 큰 연탄재 통 뚜껑 위에 앉거나 벽난로 옆에 기대어 책을 읽었다. 그러면 아무 방해도 받지 않고 책을 읽을 수 있었다.

그 다음 해에도 아버지는 채소밭을 갈고 샐러리를 석 줄 심었다. 열네 살 생일이 지난 어느 날이었다. 생일 선물로 잉거솔 사〔당시 유명한 미국의 시계 회사〕의 시계를 받았다. 나는 시계 유리가 깨지지 않게 조심해서 주머니에 넣고 다녔다.

샐러리의 싹이 적당히 올라오자 아버지는 내게 샐러리 석 줄을 모두 흙으로 덮어주라고 했다.

나는 아무 생각 없이 대답했다.

"오늘은 어디 가서 책을 좀 읽었으면 해요. 흙을 덮는 대신 아버지가 샐러리 골에다 상자를 두 개씩 기대게 해서 받쳐주면 햇빛을 가릴 수 있을 거예요."

내가 오늘 어디서 책을 읽을 거라는 말은 하지 말았어야 했다. 아버지의 반응은 내가 예상한 것과는 달랐다.

"나는 네게 흙으로 덮으라고 했다. 알았니?"

아버지는 나갔다.

나는 두 골은 흙으로 덮고 마지막 한 골은 상자를 기대게 해서 세워놓았다. 상자를 세워놓는 것이 효과가 있는지도 보고 싶었고 두 골을 흙으로 덮어두었으니 아버지도 크게 상관하지 않을 것이라고 생각했다. 저녁을 먹고는 전자 제품 가게에 아르바이트를 하러 갔다. 10시에 일을 끝내고 집에 돌아오니 현관문이 잠겨 있었다. 뒤로 돌아가서 뒷문을 열려고 했지만 뒷문도 잠겨 있었다. 할 수 없이 현관에서 초인종을 눌렀다. 아버지가 2층에서 고개를 내밀고 말했다.

"누구냐?"

내가 대답했다.

"아버지, 죄송해요. 문이 잠겨 있어요. 좀 열어주세요."

"기다려라."

이내 현관문 앞의 외등이 켜졌다.

잠시 후 아버지가 문을 열고 현관에 나왔다. 아버지는 내게 작은 가방을 던졌다. 나는 본능적으로 가방을 받았다.

"내가 일을 시키면 너는 시키는 대로 해야 돼. 네 멋대로 행동했으니 이 집에서 살 자격이 없다. 나가라!"

아버지는 문을 닫고 자물쇠를 잠갔다.

나는 한동안 문 앞에 서 있었다. 아래층 불이 꺼졌다. 그 순간 아버지가 정말 미웠다. 화가 치밀어올랐지만 분노의 물결이 가라앉자 상실감이 밀려왔고 뱃속에서부터 차가운 두려움이 엄습해왔다. 두려움으로 목이 아팠다. 나는 가방을 집어 현관 층계에 올려놓고 뒤뜰 채소밭에 들어갔다. 샐러리 밭에 상자를 받쳐놓았던 것을 다 거뒀다. 그리고 골을 따라 내려가면서 채소를 뽑아 골에 놓고 발로 밟고 흙으로 덮었다.

"이 샐러리를 흙으로 묻으라고 했지. 원하는 대로 묻어주지."

나는 중얼거리며 죄 없는 채소에게 분풀이를 했다.

다시 현관으로 가서 신발을 털고 현관 옆에 있는 물이 나오는 호스에서 손을 씻었다. 그런 후 가방을 들고 길을 따라 내려갔다. 필라델피아를 뒤로하고 북쪽으로 가는 대로였다. 나는 길을 건너 지나가는 차에 태워달라고 손짓을 했다. 밤에는 사람들이 차를 잘 세워주지 않아서 한참을 길에 서 있다가 새벽이 가까워서야 겨우 차를 얻어 탔다. 다음날 날이 밝을 때쯤 뉴욕에 도착했다.

지치고 배가 고팠다. 전날 바쁘게 일하느라 저녁도 굶었다. 나는 작은 가게에 들어가서 1달러짜리 지폐를 동전으로 바꿨다. 먹을 것을 조금 사고 화장실에 들어가서 얼굴과 손을 씻고 화장지로 닦았다.

다시 길에 나와서 거대한 도시가 잠에서 깨어나는 모습을 보았다. 해가 떠오르면서 높은 빌딩 꼭대기를 비추었다. 주머니에서 돈을 꺼내어 세어보았다. 40센트였다. 물론 필라델피아에 있는 은행에 축음기를 만들어주고 번 돈 몇백 달러를 저축해둔 게 있었다. 깊은 숨을 들이쉬었다. 주머니에 동전을 집어넣고 가방을 들었다. 이제부터 혼자 길을 가야 했다.

이해의 시작

나는 다시 집으로 돌아가지 않았다. 뉴욕에 도착해서 형을 만나러 갔다. 형은 한 달 동안 함께 지내도록 해주었다. 나는 바로 기계 설비 공장에 취직을 했다. 정기적인 월급을 받게 되자 가구가 딸린 방을 구해서 형 집을 나왔다.

나는 어머니에게 편지를 보내어 내가 어디에 사는지 알려드렸다. 어머니에게 답장을 받은 뒤부터 아버지가 주말에 집을 비우면 가끔 어머니를 만나러 갔다. 잠은 친구인 버트 비어맨 집에서 잤고 아버지가 안 계실 때 집에 가서 어머니를 만났다.

나는 여전히 어머니에게 함께 제과점을 열자고 권유했고 나름대로 계획도 세웠지만, 어머니는 내가 열여덟 살이 되던 해에 돌아가셨다. 그때 나는 서부의 끝에 있었고 장례식에 맞춰 집에 갈 수가 없었다. 아버지에게는 한마디도 듣지 못했다. 누나 캐럴과 형 프레드가 편지를 보내왔다.

그리고 시간이 흘러 나는 필라델피아 서쪽에 살게 되었고 펜

실베이니아대학에서 버트 비어맨과 함께 수의학에 관한 연구를 했다. 어느 날 오후 전차를 탔다가 전차에 앉아 신문을 읽는 아버지를 보았다. 그는 고개를 들어 나를 보았고, 나는 아버지 옆에 가서 앉았다. 아버지는 연로하고 무척 지쳐보였다. 이미 70대 중반이었다. 나는 아버지를 내가 사는 집으로 모시고 갔다. 우리는 한참 동안 이야기를 했다. 그때 처음으로 나는 아버지와 긴 이야기를 했다. 아버지는 신체적으로도 정신적으로도 건강한 상태가 아니었고, 최근에는 주식 투자한 돈을 몽땅 날려 경제적으로도 어려웠다. 그는 환자처럼 보였고 그렇게 행동했지만, 당신은 아프지 않다고 했다. 단지 조금만 움직여도 쉽게 지치고 숨이 가쁘다고 했다.

나는 함께 살자고 했고 아버지는 내 제안을 순순히 받아들여 바로 그날 내가 사는 집으로 이사를 왔다. 아버지와 함께 몇 달을 지냈다. 시간이 지나자 아버지는 마음의 안정을 얻었고, 편안해져서 그런지 다시 옛날처럼 횡포를 부렸다. 나도 이제 더는 참을 수 없었다. 나는 아버지에게 근처에 방을 하나 구해드렸다. 누나가 월세를 내고 생활비는 내가 대드렸다. 아버지는 여전히 골초였다. 잠들기 전에 구식 잠옷을 입고 흔들의자에 앉아 파이프 담배를 피우는 것이 오래된 습관이었다.

나는 일주일에 두어 번 정도 들러서 저녁 시간을 함께 보냈다. 누나도 가끔 아버지를 만나러 왔다. 내가 아버지에게 가면 아버지는 몸이 좋지 않다고 불평을 했다. 어디 편찮으시냐고 물으면 늘 이렇게 대답했다.

"이젠 지쳤어."

의사를 부르겠다고 하면 단호히 거절했다.

"의사는 필요 없어. 그냥 편안히 쉬고 싶어."

내가 찾아뵙고 사흘이 지난 후 아버지는 돌아가셨다. 평소처럼 구식 잠옷을 입고 흔들의자에 앉아서 파이프 담배를 입에 문 채 숨을 거두었다.

나는 장의사가 와서 시신을 옮길 때까지 옆에 앉아 있었다. 장의사를 기다리는 동안 아버지의 얼굴을 살펴보았다. 슬펐지만 아버지를 잃은 상실감에 가슴이 저릴 정도는 아니었다. 오래전 어느 날, 열네 살 난 아이의 겁먹은 얼굴을 보면서도 문을 닫아 버렸던 아버지의 모습이 떠올랐다. 다시 감정이 복받쳤다.

장의사가 고리버들로 만든 커다란 관에 아버지 시신을 옮긴 후에 나는 방을 둘러보았다. 침대 옆 탁자에 파이프가 놓여 있었다. 나무 뿌리로 만든 파이프였는데 아주 완고한 사람의 얼굴이 새겨져 있었다.

완고하다. 그렇다. 아버지는 완고한 사람이었다. 깊은 한숨을 쉬면서 나는 아버지가 단지 완고한 사람이었다는 생각을 했다. 이제 더는 아버지를 미워하지 않았다. 오히려 아버지의 행동을 이해하게 되었다. 아버지는 아버지의 방식대로 세상을 사셨다.

다르게 사는 방법을 모르셨다.
 파이프를 내 코트 주머니에 넣고 문 앞에 서서 다시 한번 방을 둘러본 후에 나왔다. 이제 진정 내 방식대로 살아갈 것이다.

옮기고 나서

이 책의 원제는 'Growing Pains(성장통)'입니다. 저자는 자기의 이야기를 어른이 되는 과정에서 겪게 되는 '성장통'이라고 부르고 싶다고 하며 책의 제목을 'Growing Pains'라고 했습니다.

저는 이 책을 읽고 옮기면서 마치 제가 다시 어린 시절로 돌아간 것처럼 흥분과 전율을 느꼈습니다. 이 책은 어린 시절, 성장의 과정에서 일어났던 사건들과 우리가 그 사건을 겪으면서 당해야 했던 비극이나 고통이나 상처들이 훗날 되돌아보면 우리를 고유한 개성과 삶의 방식과 인격을 지닌 어른으로 만들어주었다는 사실을 깨닫게 해줍니다.

저는 이 책을 읽으면서 아주 특별한 정감을 느꼈고, 그것이 진한 향수라는 것을 알아챘습니다. 우리는 누구나 어린 시절과 그 시절에 뛰놀던 장소에 대한 아련한 향수를 지니고 있습니다. 이 책은 우리에게 향수를 불러일으키면서 우리의 마음을 유쾌하고 따뜻하게 만들어줍니다.

　이 책은 종교나 신앙이나 영적인 면을 강조하는 서적이 아닙니다. 처음에는 가톨릭 사제인 제가 굳이 이 책을 번역해야 하는가에 대해 의문을 지녔습니다. 그런데 이 책을 번역하도록 추천한 분이 저와 코드가 아주 잘 맞는 책이라고 했습니다. 책을 읽으면서 그분이 했던 말이 무슨 의미인지를 알게 되었습니다. 이 책에 종교나 신앙에 대해 언급되어 있지는 않지만 저는 이 책 안에서 우리 삶을 이끄시는 하느님의 섭리와 기도에 대한 응답을 느낄 수 있었고, 그것이 제가 추구하는 사제로서의 길과 맞닿아 있었습니다.

　제가 이 책에서 가장 인상 깊게 읽은 내용이 기도와 연관되어 있습니다. 하나는 〈폰드레이에서의 기도〉이고, 다른 하나는 〈사료 부대〉입니다.

　〈폰드레이에서의 기도〉에서 폴과 캐럴은 계곡에서 길을 잃고 너무 무서워서 어떻게 해야 할지 몰랐습니다. 그런데 갑자기 캐럴이 좋은 생각이 났다며 기도하자고 말합니다. 캐럴은 시편 23편을 외우기 시작했고, 폴이 따라 했습니다.

　"야훼는 나의 목자, 아쉬울 것 없어라……. 죽음의 골짜기를 걷는다고 하더라도……."

　기도문의 나머지를 잊어버린 캐럴이 말합니다.

　"괜찮아. 그래도 우리가 골짜기 부분에 관한 기도는 드렸으니까. 지금은 그것이 가장 중요한 부분이거든."

바로 그때 그들은 멀리 있는 다리를 보게 되고, 길을 찾게 됩니다.

〈사료 부대〉에서는 폴이 늪지대에서 이미 엉덩이까지 빠져서 다리는 전혀 움직일 수가 없는 거의 죽게 된 상황에서 기도합니다.

"하늘에 계신 우리 아버지, 아버지의 이름이 빛나시며……."

주님의 기도를 외우기 시작한 바로 그때 어떤 사람이 나타나서 폴을 구해줍니다. 그 사람은 지나가다가 사료 부대가 난간에 걸린 것을 보고 주우려고 차를 세웠다가 아이 하나가 늪에 빠진 것을 발견한 것이지요. 이 모든 일이 우연일까요? 저는 하느님의 섭리이며 기도에 대한 그분의 응답이라고 생각합니다. 저는 기도가 우리의 삶을 바꾼다고 믿는 사람입니다.

이 책은 단순히 어린 시절의 향수를 불러일으키면서 추억과 회상에 잠기게 할 뿐만 아니라 삶에서 소중한 것이 무엇인지를 생각하게 하고, 가족이나 이웃과의 인간 관계의 소중함에 대해서도 가르쳐줍니다. 열네 살의 어린 나이에 집을 나가라고 한 아버지를 받아들이고, 이해하게 되는 마지막 이야기인 〈이해의 시작〉은 마음을 숙연하게 합니다.

이 책을 읽는 분들이 어린 시절의 소중한 추억을 되살리며 거기 담겨 있는 삶의 소중한 가치를 발견하고 마치 밭에서 진주를 찾고 기뻐하는 농부처럼 다시 마음의 밭에 묻어두고 가끔 하나씩 꺼내보며 흐뭇해하시기를 바랍니다.

홍천 서석 산골에서
류해욱

옮긴이 **류해욱**

예수회신부로 서강대학교 교목실장, 예수회 피정 집 '말씀의 집' 원장, 가톨릭대학교 성빈센트병원 원목 사제 등을 역임했다.
현재 홍천에서 '영혼의 쉼터'를 마련하려는 준비를 하고 있다.
저서로 시집 《그대 안에 사랑이 머물고》,
사진 묵상집 《자연 : 산, 들, 호수, 그리고 하늘》,
기도서 《성서를 통한 십자가의 길》, 《성모님께서 걸으신 십자가의 길》 등이 있고,
역서로 시집 《햇살처럼 비껴오시는 당신》,
영성서 《오늘날의 이냐시오의 영성》을 비롯 《동행》, 《그대 만난 뒤 삶에 눈떴네》,
《할아버지의 기도》, 《할아버지의 축복》 등이 있다.

위그든 씨의 사탕가게

1판 1쇄 발행 1988년 10월 1일
2판 재쇄 발행 2024년 9월 1일

지은이 폴 빌리어드 | 옮긴이 류해욱
펴낸곳 (주)문예출판사 | 펴낸이 전준배
출판등록 2004. 02. 11. 제 2013-000357호 (1966. 12. 2. 제 1-134호)
주소 04001 서울시 마포구 월드컵북로 21
전화 393-5681 | 팩스 393-5685
홈페이지 www.moonye.com | 블로그 blog.naver.com/imoonye
페이스북 www.facebook.com/moonyepublishing | 이메일 info@moonye.com

ISBN 978-89-310-0576-9 03840

• 잘못 만든 책은 구입하신 서점에서 바꿔드립니다.

문예출판사® 상표등록 제 40-0833187호, 제 41-0200044호